CENDRILLON

CENDRILLON

CENDRILLON,

VAUDEVILLE-FÉERIE EN TROIS JOURNÉES,

Par M. MAXIMILIEN,

Musique de M. Lautz, Ballets de M. Varin,

REPRÉSENTÉ, POUR LA PREMIÈRE FOIS, À PARIS, SUR LE THÉATRE-COMTE, LE 16 JUIN 1838.

PERSONNAGES.	ACTEURS.	PERSONNAGES.	ACTEURS.
MELIDOR, enchanteur.	MM. ALEXIS.	TREMBLINO, écuyer de Bambini.	M. VARIN.
Le Prince CHARMANT, héritier du trône et neveu de Corisande.	SUBRA.	CORISANDE, régente du royaume.	Mlles. CAVALIER.
Le Prince BAMBINI, fils de Corisande.	MARCHAT.	DOROTHÉE, vieille sœur de La Truffardière.	ALINE DUVAL.
Le Baron de LA TRUFFARDIÈRE, vieux chevalier.	ALFRED.	THÉOLINDE,	LÉONTINE.
FLORESTAN, jeune ami du prince Charmant.	DERMONT.	ASPASIE, } filles de La Truffardière.	FLORENTINE.
TOURNESOL, gouverneur du prince Charmant.	HYACINTHE.	CENDRILLON, }	HENRIETTE.
BILBOQUET, paysan bossu, borgne et boiteux, valet du baron de La Truffardière.	ARQUET.	Un Génie.	HERMANCE.
		Enchanteurs, Fées, Génies.	
		Chevaliers, amis de Charmant.	
		Dames de la Cour, Suite de Corisande, etc., etc.	

PREMIÈRE JOURNÉE.

Le théâtre représente l'intérieur d'un château gothique. — Trois portes dans le fond. — Deux autres aux derniers plans de chaque côté, conduisent dans l'intérieur. — A droite de l'acteur, une grande cheminée. — A gauche, une table autour de laquelle sont placés La Truffardière et sa famille. — Une lampe sur la table. — Un buffet à gauche.

SCÈNE PREMIÈRE.

LA TRUFFARDIÈRE, *lisant*, THEOLINDE, ASPASIE, DOROTHÉE, *brodant et filant*, CENDRILLON, *près du feu, tourne la broche.* BILBOQUET, *plaçant des truffes dans un panier.*

AIR : *de M. Lautz.*

DOROTHÉE.
Finissons notre ouvrage
Le souper n'est pas prêt.
LA TRUFFARDIÈRE.
Relisons cet ouvrage :
A mon cœur comme il plaît.
THÉOLINDE, ASPASIE.
Quel ennui ! quel ouvrage !
A nos doigts qu'il déplaît.
BILBOQUET.
Il faut avec courage
Faire ce que l'on fait.
LA TRUFFARDIÈRE.
Quelle ardeur ! quel courage !
Que ce livre est bien fait.
THÉOLINDE, ASPASIE.
Maudit soit un ouvrage
Si pour nous il n'est fait.
DOROTHÉE.
Comme vous, j'en enrage,
Mais sachons, s'il vous plaît,
Prendre cœur à l'ouvrage
Et le temps comme il est.

Pour vivre, il faut mes jouvencelles,
Filer, broder : c'est un affront !
Car ces brocards et ces dentelles
D'autres que nous les porteront !
Des appas, tels que sont les nôtres,
S'en embelliraient sur ma foi :
Mais il nous faut faire pour d'autres
Ce qu'on voudrait faire pour soi !

CENDRILLON.
Il était un petit homme
Qui s'app'lait Guilleri,
Carabi ;
Il croquait une pomme

Et les pépins aussi
Carabi ;
Tôt, tôt,
Carabo,
Marchant,
Caraban,
Compère Guilleri.
Te lairas-tu (*bis*) mourir ?

THÉOLINDE.
Silence, Cendrillon.
Pour vous c'est une fête
De nous rompre la tête
Avec votre sotte chanson.
CENDRILLON (*sans l'écouter.*)
Il était un petit homme
Qui s'app'lait Guilleri
Carabi ;
Il mangeait une pomme
Et les pépins aussi
Carabi.

DOROTHÉE, THÉOLINDE, ASPASIE.
Par ses discours elle m'assomme !
Il faudra la chasser d'ici.
BILBOQUET (*regardant Cendrillon.*)
La charmante enfant que voici !

CENDRILLON.
Tôt, tôt, carabo
Marchant caraban,
Compère Guilleri,
Te lairas-tu (*bis*) mourir ?

ENSEMBLE.

THÉOLINDE, DOROTHÉE, ASPASIE,
Vraiement, c'est à n'y plus tenir,
Nous ennuyer, nous étourdir,
Voilà son unique plaisir.
BILBOQUET.
Malgré ce qu'on lui fait souffrir,
Toujours chanter, se divertir !
Voilà son unique plaisir.

THÉOLINDE. — Cendrillon, gardez le silence, ou notre noble père vous punira.

BILBOQUET, *s'avançant.* — La punir ? Eh de quoi s'il vous plaît ? de ce qu'elle chante un brin, pour oublier que fille, ainsi que vous du seigneur de La Truffardière, elle est dévouée votre servante, un vrai souffre-douleurs : Elle, qui dans un doigt vaut mieux... Motus, on me devine, et c'est tout ce qu'il me faut.

THÉOLINDE. — Jusqu'à ce Bilboquet qui devient insolent !

DOROTHÉE. — Les rangs sont confondus ; les rustres ne respectent rien ; on ne peut vivre ainsi, mais nous allons... Mon frère ?

LA TRUFFARDIÈRE. — Ne m'interrompez point Dorothée ; je lis ce chapitre admirable où le jeune héros corrige un écuyer.

ASPASIE. — Pendant votre lecture, Bilboquet nous insulte, il ose nous donner des leçons.

LA TRUFFARDIÈRE, *posant ses lunettes.* — Par le fer de ma bonne épée, je ne saurais vous croire ; on parle devant ma famille, et c'est un vil manant...

BILBOQUET. — Ce manant, tout manant qu'il est, vous sert en honnête homme, en disant ce qu'il pense, il reste dans son droit. Vous êtes noble, c'est vrai ; vos filles et votre sœur sont des demoiselles, d'accord, mais cette innocente créature *(il montre Cendrillon),* en est-elle moins de votre sang, parce que née la dernière, et d'une autre femme que vos aînées, elle a de la bonté, de la douceur, et se fait aimer d'un chacun ? j'ai l'œur mieux fait qu'la taille, et si ce n'était la petite, depuis longtemps Bilboquet qui, faute de pourceaux, vous déterre les truffes dont le prix vous fait vivre, aurait roulé sa bosse ailleurs. (*Aux trois femmes*.) Plaignez-vous, étant d'bonne famille, de faire les robes des autres, je le veux bien ; mais quand cette jeunesse s'amuse, n'la brutalisez pas. Une chanson ne fait jamais de peine, la méchanceté nuit toujours.

LA TRUFFARDIÈRE, *à Dorothée.* — Ma sœur, savez-vous où je suis...? à genoux devant ma patience, car jamais nos illustres ancêtres, n'ont entendu pareils discours.

CENDRILLON. — Mais papa, ce pauvre garçon ?...

LA TRUFFARDIÈRE. — Papa ! je vous défends de me donner ce titre ; le mot papa sent les petites gens ! Appelez-moi baron ou chevalier, c'est plus respectueux.

CENDRILLON. — Mais ça prouve moins de tendresse ?

LA TRUFFARDIÈRE. — Obéissez.

DOROTHÉE. — Et veillez le rôti ; nous servir est votre devoir ; si vous abandonnez la broche, le souper peut brûler.

LA TRUFFARDIÈRE. — Que dites-vous, ma sœur ? brûler notre souper, un gibier magnifique ? Cendrillon prenez garde, et d'abord pour punition, vous n'en mangerez pas.

BILBOQUET. — Voilà de la justice ! Si c'était un roquet qui fût le tournebroche, on lui donnerait quelque chose, mais à cette bonne fille,

pas un os à ronger ! Et l'on veut que j'reste muet ?

LA TRUFFARDIÈRE. — Je fais plus, je l'ordonne, et vous préviens qu'à la première faute, mon bras vous donnera mille coups de bâton.

BILBOQUET. — Pour remplacer mes gages ; grand merci chevalier ; mais les coups sont une monnaie qu'on n'aime pas à recevoir.

DOROTHÉE. — Des gages ! Ce vassal a des expressions...

LA TRUFFARDIÈRE. — Qu'un chevalier ne connaît guères, et même qu'il ne connaît pas : car un chevalier, c'est un être privilégié dont la valeur, l'esprit, la force et le langage ne furent jamais égalés. Un chevalier est toujours charmant, jeune, aussi noble que moi, dont la souche remonte à la création du monde, et dès qu'il se présente aux portes d'un castel, le pont-levis se baisse, le cor se fait entendre, et la main de la châtelaine vient parfumer d'essence les habits et la chevelure du preux, dont la visite honore ses États. Grand redresseur des torts, il n'existe que pour la gloire, et tous les genres de mérite, se trouvent dans un chevalier.

> AIR : *Patrie, honneur.*
>
> Si noble dame, il entend supplier
> Lâche ennemi qui la tient prisonnière,
> Il prend sa lance, il monte son coursier,
> Et le félon roule dans la poussière !
> Puis casque en tête et luth à son côté
> Il vient chanter auprès de la beauté !
>
> DOROTHÉE.
>
> Mais s'il advient que taillé par le fer
> Il perde un bras, une jambe, une oreille ?
>
> LA TRUFFARDIÈRE.
>
> Il devient sourd, manchot, boiteux, c'est clair,
> Mais la laideur sied toujours à merveille.
> Et quand du corps on n'a plus qu'un côté,
> On est superbe aux yeux de la beauté.

ASPASIE, *quittant son ouvrage.* — Voilà nos robes terminées.

LA TRUFFARDIÈRE. — Quel beau travail ! Comme c'est élégant ! Rien d'aussi magnifique ne paraîtra aux fêtes de la cour.

THÉOLINDE. — Mais mon père, pourquoi ces fêtes ?

LA TRUFFARDIÈRE. — Afin de célébrer le jour, où le prince Charmant accomplit sa quinzième année. On dit même qu'il doit choisir, parmi les filles nobles qui assisteront à ce bal, celle qu'il croira digne de partager son trône.

THÉOLINDE, *soupirant.* — La noblesse embellira ce bal, et nous n'y serons pas !

LA TRUFFARDIÈRE. — Vous méritiez un tel honneur, mes petits anges, l'antiquité de ma famille établissait mes droits, mais on a méconnu nos titres. La cour est peuplée de jaloux, et l'on vous redoutait.

ASPASIE. — Si le prince eut vu Théolinde, il aurait déposé la couronne à ses pieds.

THÉOLINDE. — Si ma sœur Aspasie eut paru devant lui ; elle serait demeuré sans rivales.

Dorothée. — Et moi donc? Dorothée de La Truffardière, quels sont les téméraires qui devant mon physique n'auraient pas pris la fuite, épouvantés de son effet?

Bilboquet, *à part.* — Charmante poulette à croquer, lorsque les dents sont bonnes.

La Truffardière. — Voilà ma sœur de vos sottes idées. Se peut-il qu'à votre âge....

Dorothée. — Mon âge? qu'est-ce à dire? Savez-vous ce que c'est que l'âge?

La Truffardière. — Ce qui marche toujours et ne recule pas. C'est pour vous ma charmante, soixante ans bien sonnés.

Dorothée. — Soixante ans! quelle trahison!

Vaudeville de la Somnambule.

Jusqu'au moment où le cœur est en cause,
On vit sans vivre, on ne sait que gémir:
Un tiers du temps dans son lit on repose,
Et ce n'est point exister que dormir.
Si de mes jours vous retranchez mon frère,
Et mon sommeil, et mes premiers printemps,
Vous conviendrez avc moi je l'espère,
Que votre sœur n'a pas encore vingt ans.

La Truffardière. — La vanité vous tue, ma pauvre Dorothée, mais pour vous satisfaire une fois, qui nous empêche de nous croire invités aux fêtes de la cour? Nous avons à la broche une pièce superbe, quelques flacons d'excellent vin restent dans le cellier; bombance générale! Parez-vous des habits que vous venez de faire pour de sottes pimbêches qui ne vous valent pas, et prenez place à mes côtés. Cendrillon est la cuisinière, Bilboquet l'échanson, mon souper le banquet royal.

Théolinde. — L'idée est excellente!

Bilboquet, *à part.* — Et signe d'un esprit timbré.

Dorothée. — Mon frère que je vous embrasse; vous avez conçu là, le plus charmant projet! Comme je vais être jolie avec ces riches vêtemens! Vous ne me reconnaîtrez pas!

La Truffardière. — Moi, Je vais endosser la tenue de rigueur, cuirasse, bouclier, rien ne me manquera.

Théolinde. — Allons-nous préparer.

La Truffardière, *à Cendrillon.* — Et mettez le couvert.

Air *du Méléagre champenois.*

Déguisons-nous, tout nous y convie,
Se déguiser, c'est imiter le temps :
Qui voit le jour ou quitte la vie
Monte ou descend par les déguisemens.
Aux noirs frimats succède la verdure ;
Tout devient jeune au retour du printemps.
                Dorothée, *à part.*
Ah! que ne puis-je imitant la nature
En blonds cheveux, changer mes cheveux blancs!
La Truffardière, Dorothée, Théolinde, Aspasie.
Déguisons-nous, etc.
        (*Ils se retirent par la porte de droite.*)

SCÈNE II.

CENDRILLON, BILBOQUET.

Bilboquet. — En v'là-t'il des folies! se couvrir de clinquans et faire les princesses, quand on est aussi gueux qu'un rat; et que c'te chère fille est là, sur les tisons à veiller sur l'souper des autres! Faut qu'çà change, et çà changera ou je ferai des miennes.

Cendrillon. — Mon petit Bilboquet, tu offenses papa, et toujours par rapport à moi. Je t'en prie bon ami, ne lui réplique plus, et je t'aimerai cent fois mieux.

Bilboquet. — Çà ne fend-il pas l'cœur, d'entendre ces douces paroles, et de savoir qu'on lui refuse tout.

Cendrillon. — Tu me le promets, n'est-ce pas?

Bilboquet. — Oui, si vous permettez que j'vous fasse un présent.

Cendrillon. — Un présent! Comment donc?

Bilboquet. — Pour avoir plus de truffes, on en laisse toujours manger aux animaux qui les découvrent, çà les encourage à chercher, et comme pour l'quart-d'heure, vot' serviteur est l'animal, j'ai mis d'côté ma part, et demain à votre intention, un beau panier de truffes deviendra d'bonnes friandises, qui vous feront plaisir.

Cendrillon. — Des petits gâteaux et du sucre, c'est si agréable à manger!

Bilboquet. — Ainsi vous acceptez?

Cendrillon. — Oui, si tu contentes mon père.

Bilboquet. — J'y ferai mon possible.

Cendrillon. — Et pendant que mes sœurs songent à leur toilette, je vais dresser la table.

Bilboquet. — C'est un bijou que cette chère enfant, et je voudrais avoir cent bras pour la servir: mais je n'ai que la volonté; pour le reste bernique. L'cœur et la probité n'suffisent pas pour obliger.

Vaudeville des deux Duègnes.

Tout le monde à ma naissance
Dit qu'j'étais l'homme manqué,
Mais qu'j'aurais esprit et science,
Aux trois B m' trouvant marqué.
C'te fois l'proverbe aura tort
Car l'esprit n'est pas d'mon r'sort ;
Et chacun tombe d'accord
Qu'en fait d'science on n'est pas fort.
L'œil n'est pas ce que j'regrette
Car j'pourrai, devenant vieux,
Ne fair' r'mettre à ma lunette
Qu'un seul verre au lieu de deux.
Si la taille d'Bilboquet,
Lui mérite un sobriquet,
Il donn'ra, bravant l'caquet,
Aux insolens leur paquet ;
Et si jamais la milice
L'appelait sous les drapeaux,
J'crois que l'sac à la malice
Ne quitterait pas son dos.
Enfin si clopin, clopant,
J'fais mon ch'min en m'dandinant,
J'ai même en me reposant
L'pied en l'air, et l'nez au vent.
Quant à la délicatesse
Borgne, j'vois tout de sang-froid,
Bossu, j'porte ma richesse,
Et boiteux, je marche droit.

(*Pendant ce couplet, Cendrillon a dressé la table, débroché le rôti, et posé des flacons et des verres.*)

Cendrillon. — Là! tout est préparé; et ma famille maintenant peut venir quand elle voudra. (*On frappe à la porte du fond.*) On frappe, Bilboquet.

BILBOQUET, *allant ouvrir.* — Je vais voir.

SCÈNE III.

LES PRÉCÉDENS, MÉLIDOR.

MÉLIDOR, *en vieillard indigent.* —Excusez, mes amis; mais le tonnerre gronde dans le lointain, et si vous vouliez me permettre de prendre ici quelque repos?

CENDRILLON, *lui prenant la main.* — Mon Dieu! comme il a froid. Approchez-vous du feu. (*Elle fait asseoir Mélidor, et rassemble les tisons.*)

BILBOQUET, *bas à Cendrillon.* — Eh! que dira le maître?

CENDRILLON, *bas à Bilboquet,* — Il grondera peut-être, mais le bonhomme se sera réchauffé.

MÉLIDOR. — Vous êtes bonne, ma petite, le Ciel vous bénira.

BILBOQUET. — Oui, mais en attendant...

CENDRILLON, *lui fermant la bouche.* — Tais-toi donc, Bilboquet.

BILBOQUET. — C'est juste, devant les étrangers, l'silence est de rigueur...

MÉLIDOR.
Air : Muse des bois.

L'âge a rendu mes jambes incertaines
Et votre bras m'offre un heureux appui;
Un froid mortel circulait dans mes veines
Et du foyer pour moi la flamme a lui.
Imitez bien cet ange tutélaire,
Jeunes enfans dont le cœur est sans fard;
Car c'est montrér son amour pour un père
Que témoigner du respect au vieillard.

BILBOQUET. — Tiens, ce bonhomme, comme il vous tourne ça.

MÉLIDOR, *se levant.* — Maintenant que je suis un peu réchauffé, je vais continuer ma route, et voir si des gens charitables viendront à mon secours.

CENDRILLON. — Vous n'avez pas mangé?

MÉLIDOR. — De toute la journée.

CENDRILLON, *bas à Bilboquet.* — Moi j'ai bien déjeuné, et si je lui donnais...(*Elle montre le rôti.*) Papa m'a dit que je n'en aurais pas, c'est égal, et je vais...

BILBOQUET. — Songez donc...

CENDRILLON. — Je songe qu'il a faim, et nous n'en serons pas plus pauvres. (*A Mélidor en lui montrant la table.*) Allons, mettez-vous là. (*Bas à Bilboquet.*) Il se contentera d'une cuisse ou d'une aile, et l'on croira que c'est le chat.

MÉLIDOR. — Comment, vous permettez?..

BILBOQUET. — J'vous dis qu'sa pareille est à naître.

Air de l'Artiste.

C'est doux, c'est serviable,
C'est gentil comme un cœur.
Et l'on s' donnerait au diable
Pour lui voir du bonheur.

Si ça n' grandit pas vite
C'est qu' suivant la chanson,
Plus un' boîte est petite,
Plus c' qu'ell' renferme est bon.

CENDRILLON, *versant du vin à Mélidor.* — Un petit coup de vin.

MÉLIDOR, *buvant.* — Que cela fait de bien!

BILBOQUET, *à part.* — C'est du vieux : les bouchons ont d'la barbe.

MÉLIDOR. — Vous me sauvez la vie.

CENDRILLON, *à Bilboquet.* — Tu vois que je n'ai pas eu tort. (*A Mélidor.*) Mangez encore, brave homme.

MÉLIDOR, *mangeant.* — Je me sens un grand appétit, et vous offrez de si bon cœur....

CENDRILLON. — On est si heureux de donner!

BILBOQUET, *à part.* — Mais ça pourra lui coûter cher.

MÉLIDOR. — Vos parens doivent se trouver bien heureux, de posséder un enfant tel que vous.

CENDRILLON. — Hélas!

MÉLIDOR. — Vous soupirez? les auriez vous perdus? Votre père?

CENDRILLON. — Est ici.

BILBOQUET, *à part.* — pour nous faire enrager.

MÉLIDOR. — Votre mère?

CENDRILLON, *montrant le ciel.* — Là-haut.

BILBOQUET, *à part.* — Pauvre femme! Tout irait mieux, si nous l'avions encore.

MÉLIDOR. — Je vous plains; une mère ne peut jamais se remplacer, mais vous possédez tant de graces, vous paraissez si bienveillante, que vos autres parens doivent vous adorer.

BILBOQUET. — On n'fait pas toujours son devoir.

MÉLIDOR. — Expliquez-vous.

CENDRILLON. — Pas du tout. Ce sont nos affaires, et je me tais devant les curieux.

MÉLIDOR. — Excusez.

BILBOQUET, *à part.* — Voyez donc comme il mange! C'est un ogre que ce vieillard.

CENDRILLON. Vous me trouvez à votre gré, je n'en demande pas davantage, et malgré ma jeunesse, j'aime à m'entendre dire que je ne suis pas mal.

Air du Nouveau Pourceaugnac.

Sans être coquette
Devant un miroir,
J'ai dans ma chambrette
Plaisir à me voir.
Maman n'est plus là,
Mais tout me répète
Qu'elle est fière oui-dà
D' m'avoir fait comm' ça.   (3 fois.)

Ma taille est légère,
Mon regard malin,
Ma voix douce et claire
Et mon esprit fin.
Maman n'est plus là,
Mais elle s'rait fière,
En m' voyant oui-dà
D' m'avoir fait comme ça.   (3 fois.)

MÉLIDOR. — Continuez toujours, ma belle

enfant, à vous montrer compatissante pour les infortunés. Leurs prières monteront au Ciel qui veillera sur vous.

BILBOQUET, *bas à Cendrillon*. — En attendant, le rôti est défunt, et le vin avalé, les plats et la bouteille sont d'un vide à nous effrayer.

CENDRILLON, *regardant la table*. — Comment allons nous faire? il ne reste plus rien.

MELIDOR, *à la porte du fond*. — Entendez-vous l'orage! les éclairs se succèdent sans interruption.

BILBOQUET, *à part*. — Et le tonnerre éclatera, quand le baron saura qu'il faut rester à jeun.

DOROTHÉE, *du dehors*. — Cendrillon, venez lacer ma robe.

CENDRILLON. — Oui, ma tante.

BILBOQUET, *à part*. — Hum! la vieille coquette.

THÉOLINDE, *du dehors*. — Cendrillon? Mes souliers.

CENDRILLON. — Oui, ma sœur.

BILBOQUET, *à part*. — appelle, appelle; ta langue a besoin d'exercice.

LA TRUFFARDIÈRE, *du dehors*. — Cendrillon? Veillez sur le souper.

BILBOQUET, *à part*. Le souper? il est loin. Et vous ne prendrez pas de thé pour faire la digestion.

MELIDOR. — Par le temps horrible qu'il fait, je n'oserais continuer ma route, joignez à toutes vos bontés, celle de m'accorder l'hospitalité pour la nuit.

CENDRILLON. — Il est vrai qu'il pleut par torrens! Mais où puis-je vous mettre?... Ah! tenez, dans ma petite chambre; et dès qu'il fera beau, et que papa sera couché, vous nous direz bonsoir.

MELIDOR, *posant la main sur son cœur*. — Vos bienfaits resteront gravés là.

BILBOQUET, *à Cendrillon*. — Allons, votre hardiesse m'a donné du courage, et si la famille vous gronde, je ne resterai pas muet.

CENDRILLON. — Tu m'as promis d'être prudent.

DOROTHÉE, *du dehors*. — Arrivez-vous enfin?

CENDRILLON. — On m'appelle! Entrez vite, (*Elle ouvre la porte à droite de l'entrée principale.*)

MELIDOR, *à part*. — Elle est digne du sort que nous lui réservons. (*Il entre dans le cabinet ouvert par Cendrillon. La porte se referme.*)

THÉOLINDE. — Cendrillon?

CENDRILLON. — Ma sœur, je suis à vous. (*Elle sort en emportant la lampe.*)

BILBOQUET. — Et moi, je cours fermer la porte du jardin. (*Il sort par la droite.*)

SCÈNE IV.

Le tonnerre se fait toujours entendre et le théâtre est dans la plus grande obscurité. Le prince Bambini, et Tremblino entrent à tâtons en se pressant l'un contre l'autre.

BAMBINI. — Tremblino?

TREMBLINO. — Monseigneur?

BAMBINI. — Aperçois-tu quelque chose ou quelqu'un?

TREMBLINO. — Comment voulez-vous que je voie? je n'ose ouvrir les yeux.

BAMBINI. — Et moi pas davantage. Cet orage est si effrayant!

TREMBLINO. — Je crois bien, les éclairs et la foudre, ça rend sourd et aveugle.

BAMBINI. — On se croirait au jour du bouleversement universel.

TREMBLINO. — Et votre suite monseigneur? nos équipages, nos chevaux, que sont-ils devenus?

BAMBINI. — Nous les avons perdus au fond de la forêt. Dieu sait si nous les reverrons.

TREMBLINO. — Les enchanteurs y tenaient leur sabat.

BAMBINI. — Les arbres y dansaient en rond.

TREMBLINO. — Je les ai vu faire des pas de basque.

BAMBINI. — Terminons ce discours, car avec tes réflexions, tu me fais tressaillir des pieds jusqu'aux cheveux.

TREMBLINO. — J'en ferai une maladie.

BAMBINI. — Il me semble que j'en maigris.

TREMBLINO. — Fasse le ciel qu'il m'en arrive autant, ça me rendra plus leste. Monseigneur ne voyez-vous rien?

BAMBINI. — Dans ce moment terrible, n'avoir avec moi qu'un poltron!

TREMBLINO. — Pour ce qui est de la poltronnerie, de prince à écuyer, il n'y a que la main.

BAMBINI. — Crois-tu donc que je te ressemble? Je crains les fées, les enchanteurs, les voleurs et le diable, par excès de prudence, et si je redoute les farfadets, les revenans et la mort, ce n'est point par peur, mon ami, mais par amour de l'existence. Quant au nom de poltron, il ne peut convenir au prince Bambini. Entends-tu, Tremblino?

TREMBLINO. — Pourquoi donc tremblez-vous?

BAMBINI. — Ce sont tes mouvemens de crainte, qui viennent ainsi m'agiter. Nous sommes si près l'un de l'autre.

TREMBLINO. — Monseigneur? si cette nuit était notre dernier jour?

BAMBINI. — Tais-toi donc. Tu m'effraies.

TREMBLINO. — Et vos discours ne me rassurent pas.

BAMBINI. — La frayeur est comme la fièvre; lorsque l'un est atteint, crac, l'autre en devient jaune, et grace à toi mon cœur danse la galopade.

TREMBLINO. — Je sens le mien qui part. Ah! pourquoi vous ai-je suivi?

BAMBINI. — Pour obéir aux ordres de ma mère, l'illustre Corisande qui, craignant la présence aux fêtes de la cour du baron de La Truffardière, m'a chargé de le retenir prisonnier dans son vieux château.

TREMBLINO. — Eh! quel est ce baron?

BAMBINI. — Un chevalier fort ridicule, que je ne connais pas.

TREMBLINO. — Mais pourquoi l'empêcher de paraître à la cour?

BAMBINI. — Régente du royaume, et tante du prince Charmant, ma mère tu le sais, n'aime à dire à personne, les motifs qui la font agir. Je m'en rapporte à son expérience, et à sa tendresse pour moi : elle songe à mon avenir.

TREMBLINO. — Et nous mourrons peut-être ici.

BAMBINI. — Tremblino, Tremblino! je crois entendre un bruit de chaînes.

TREMBLINO. — Nous sommes perdus, monseigneur.

BAMBINI. — Périr à dix-huit ans!

TREMBLINO. — Quand on aime la vie!

BAMBINI. — Qu'on n'a fait de mal à personne?

TREMBLINO. — De jolis garçons comme nous!

BAMBINI. — C'est une indignité!

TREMBLINO. — Le ciel nous vengera.

BAMBINI. — Ne me quitte pas, Tremblino.

TREMBLINO. — Non monseigneur.

BAMBINI. — Ta peur sera moins grande étant à mes côtés.

TREMBLINO. — Nous nous appuierons l'un sur l'autre, pour nous empêcher de monter.

BAMBINI. — Et pour te rendre le courage, je vais chanter. Rien n'est tel que le chant pour conjurer la peur.

TREMBLINO. — Chantez, chantez, mon prince, nous en avons besoin tous les deux.

BAMBINI. — Cesse de trembler, m'y voilà.

AIR du château de Monténero.

Un chevalier, l'ame aguerrie
Seul, à pied, rêvait dans un bois;
Tout-à-coup, une grosse voix
D'un ton impérieux lui crie :
Alte-là! seigneur, alte-là!
La terre à ce bruit s'ébranla.
Le vent siffla,
Et malgré ça
Le chevalier point ne trembla.   (3 fois.)
La, la, la, la, la, la, laire!
La, la, la, la, la, la, la, la, la!

(La porte de la chambre où est entré Mélidor s'éclaire tout-à-coup, et l'on voit sur un transparent un chevalier, la lance en arrêt.)

BAMBINI, l'apercevant. — Tremblino! Tremblino! il avance vers nous.

TREMBLINO. — Qui donc, monseigneur?

BAMBINI. — Le diable, ou le chef des voleurs.

Tiens, regarde. (Il fait tourner Tremblino, mais la vision disparaît.)

TREMBLINO. — Prince, je ne vois rien.

BAMBINI. — Me serais-je trompé?

TREMBLINO. — Je suis plus mort que vif.

BAMBINI. — Je te l'ai déjà dit, la frayeur est un mal qui se gagne, et la tienne trouble mes yeux.

TREMBLINO. — Un second couplet monseigneur, ça nous fera du bien.

Même air.

Lance au poing, dague à la ceinture,
Au chevalier vint le voleur
Qui le croyant saisi de peur
Sauta de sa noble monture.
Alte-là, dit il, alte-là!
Voyant le coursier resté là.
L' preux l'enfourcha
Des deux piqua,
Et c' fut le voleur qu'il vola   (3 fois.)
La, la, la, la, la, la, laire!
La, la, la, la, la, la, la, la, la!

(Bambini et Tremblino qui sont côte à côte, se retournent. Au même instant, les deux portes de chaque côté de l'entrée principale deviennent des transparens représentant des chevaliers.)

TREMBLINO. — Monseigneur! monseigneur?

BAMBINI. — Tremblino, mon garçon, nous n'en échapperons jamais.

TREMBLINO. — Ils ne feront de nous qu'une bouchée!

BAMBINI. — Notre dernière heure est venue. (Il tombe à genoux ainsi que Tremblino.)

TREMBLINO. — On approche! C'est fait de nous. (Au moment où revient Cendrillon, une lampe à la main, les tableaux disparaissent.)

SCÈNE V.

Le Prince BAMBINI, LA TRUFFARDIÈRE,
armé de pied-en-cap, CENDRILLON,
TREMBLINO.

CENDRILLON. — Ah! mon Dieu!

TREMBLINO, voyant Cendrillon. — Une jeune fille qui tremble.

BAMBINI. — Elle a peur! mon courage revient. (Il se relève.)

LA TRUFFARDIÈRE, entrant en scène. — Pourquoi ce cri, petite? Qu'est-il donc arrivé dans mon noble château?

CENDRILLON. — Je ne sais, mais.... (Elle montre Bambini.)

BAMBINI, à part. — Son château? c'est le seigneur du lieu.

LA TRUFFARDIÈRE. Quels sont ces deux seigneurs?

BAMBINI. — Des chevaliers que l'orage et la foudre ont contraint de chercher un abri.

LA TRUFFARDIÈRE. — Et mes vasseux ne m'ont pas prévenu? Mille fanfares ne m'ont point annoncé votre heureuse arrivée? Mes hommes d'armes châtieront cette coupable négligence.

CENDRILLON. — Vos hommes d'armes ? vous n'en avez pas un.

LA TRUFFARDIÈRE, *bas à Cendrillon.* — Taisez-vous. Pour être jugé quelque chose, il faut toujours se dire plus qu'on est : souvenez-vous de cet avis.

TREMBLINO, *à Bambini.* — Il paraît que le maître est puissant.

LA TRUFFARDIÈRE. — Vous me trouvez en tenue régulière ; car ce soir, je comptais partir.

BAMBINI. — Pour quelque tournoi, quelque fête, où sans doute votre place est marquée parmi celles des hauts barons ?

LA TRUFFARDIÈRE. — Certes, je le mérite ; et le baron de La Truffardière n'est jamais sur le second rang.

BAMBINI. — Tremblino, c'est notre homme.

TREMBLINO. — C'est notre bonne étoile, qui nous a fait entrer : une heure de plus nous le trouvions parti.

LA TRUFFARDIÈRE. — Et malheur à l'audacieux qui viendrait disputer mes droits ! Riche et vaillant comme je suis.

CENDRILLON, *à part.* — Mon pauvre papa perd la tête.

LA TRUFFARDIÈRE. — Protégé par les enchanteurs que jadis mon bras a vaincus.

BAMBINI, *à Tremblino.* — Des enchanteurs ? Entends-tu, Tremblino, ce sont eux qui viennent de se montrer. Ce château en est plein, je le parierais, et mon illustre mère veut que je fasse prisonnier un semblable gaillard ! plus souvent que j'obéirai.

TREMBLINO, *à Bambini.* — Il nous ferait mettre en compote.

BAMBINI, *bas.* — Ou sur le gril, comme un poulet.

TREMBLINO, *de même.* — Tout mon corps en frissonne.

BAMBINI, *de même.* Et le mien ? il faut filer donc. (*Haut.*) Comment châtelain, les génies ?..

LA TRUFFARDIÈRE. — M'honorent de leur amitié, et me rendent souvent visite. Et tenez, plus je vous regarde, et plus je dis : en voilà un.

BAMBINI. — Un quoi ?

LA TRUFFARDIÈRE. — Eh ! parbleu, un génie.

TREMBLINO. — Mon maître ? c'est un prince.

LA TRUFFARDIÈRE. — Un prince ? c'est différent.

BAMBINI. — Cousin du souverain, rien que ça, chevalier.

LA TRUFFARDIÈRE. — Ah ! monseigneur.

BAMBINI, *à part.* — Je tremble de lui dire le but de mon voyage ici ! Essayons et voyons comme il prendra la chose. (*Haut.*) Châtelain, pourriez-vous deviner le motif qui m'attire en ces lieux ?

LA TRUFFARDIÈRE. — Moi, prince ?

BAMBINI. — Vous-même, cherchez bien.

LA TRUFFARDIÈRE. — Attendez donc ? Oh !

ce serait pour mon orgueil la plus admirable surprise ! On me là devait cependant, car un La Truffardière !.. Oui, c'est cela, j'y suis. Et moi, qui me plaignais de l'oubli de la cour ? J'étais un insensé, un butor, une buse, n'est-ce pas, monseigneur ? vous venez nous chercher pour nous conduire au bal ? Quel honneur ! J'aurais dû m'en douter, un noble tel que moi ! Cendrillon, prévenez ma famille. (*Cendrillon sort.*)

BAMBINI *à Tremblino.* — Eh bien, Eh bien, comme diable il y va. (*Haut.*) Mais baron de La Truffardière....

TRUFFARDIÈRE. — Vous me voyez dans un enchantement !...

SCÈNE VI.

LES PRÉCÉDENS, BILBOQUET.

BILBOQUET, *accourant.* — Maître ? des cavaliers, de nombreux équipages, se présentent aux portes du château.

TREMBLINO. — C'est la suite du prince.

LA TRUFFARDIÈRE. — Votre suite mon prince ? Bilboquet, ouvrez toutes les grilles, rassemblez mes vassaux, mes hommes d'armes.

BAMBINI. — Vous en avez beaucoup ?

LA TRUFFARDIÈRE. — Quatre-vingts, sans compter les femmes. (*A part.*) Un mensonge sert quelquefois.

BILBOQUET, *à part.* — Ses hommes d'armes ! ses vassaux ! notre baron a le cerveau fêlé.

BAMBINI, *à Tremblino.* — Quatre-vingts cavaliers, et je n'ai que dix hommes ? Tremblino, mon garçon, je le laisserai libre, et s'il tient à la fête, dût ma mère en être fâchée, il ira. (*Bas.*) Quatre-vingts hommes d'armes !

LA TRUFFARDIÈRE. — Tous me sont dévoués ; et si l'on oubliait les égards qu'on me doit, ils puniraient les insolens.

BAMBINI. — Et si le souverain eût omis votre nom sur la liste des invités, que feraient-ils ?

LA TRUFFARDIÈRE. — Ils iraient attaquer ses vassaux, ses guerriers, et vous-même, mon prince, qu'ils pourfendraient de haut en bas, pour venger mes affronts.

BAMBINI, *à part.* — Peste ! faire de moi deux parts, comme d'une brioche ? cela ne m'irait point. Tremblino ! quatre-vingts hommes d'armes, aimé des enchanteurs, et ferme sur le point d'honneur, je ne puis lutter avec lui : il faut le ménager, et quoiqu'en puisse dire notre honorable mère, l'emmener à la cour. (*Haut.*) Châtelain, l'orage a cessé, et le souverain nous attend.

LA TRUFFARDIÈRE. — Le souverain a daigné penser à moi ! m'envoyer son cousin ! Mon esprit n'y pourra tenir. Prince, je reprendrai ma revanche, et bientôt le plus beau festin... des truffes parfumées...

Bambini. — Excellente production ! je les aime beaucoup.

La Truffardière.—Elles naissent chez moi, sur mes propriétés, et leur goût admirable rend un dindon parfait. Vous en avalerez.

Bambini. — Du dindon?

La Truffardière. — Non, des truffes. La truffe est la reine des sauces, l'esprit des cuisiniers, le bouquet d'une table ; et l'on n'est point digne de vivre, quand on ne les apprécie pas.

Air de Psyché.

Fruit substanciel
Et providentiel ;
C'est la manne du ciel
Qu'en sa lune de miel,
D'en haut l'Eternel
Donne à chaque mortel,
Comme un bienfait réel
De son cœur paternel.
Simple et sans atours
D'une truffe toujours,
Le concours
Aux amours
Est d'un puissant secours.
En avez-vous mis
Au coulis?
Vos hachis
Vos salmis
Plus exquis
Font naître des amis.
Voulez-vous de l'or?
La truffe est un trésor !
Sans effort,
Il en sort
Un vaste coffre-fort.
Sans elle on a tort ;
Mais servez-en encor
Le midi vient au nord
Dire : soyons d'accord.
Pour une truffe
Plus d'un tartuffe
Transformerait
Un temple en cabaret,
Et si Lucifer
En donnait dans l'enfer,
Les gourmands de concert
Y mettraient leur couvert.
Fruit substanciel, etc., etc.

Bilboquet, *à part.* — C'est décidé, le maître devient fou.

SCÈNE VII.

Les Précédens, DOROTHÉE, THÉOLINDE, ASPASIE, *richement, mais ridiculement parées,* CENDRILLON.

La Truffardière. — C'est ma famille, illustre prince, qui vient vous offrir ses respects.

Bambini, *ne voyant que Dorothée.* — Tremblino ! quelle est laide !

Tremblino, *apercevant Aspasie et Théolinde.* — Pas du tout, regardez.

Bambini. — Les petites, c'est vrai, mais le numéro un?

Tremblino. — Ne vaut pas un zéro.

La Truffardière. — Nobles dames, ce prince brave, galant, spirituel et beau, comme Amadis, Rolland, ou Galaor, aspire en loyal chevalier à vous introduire à la cour.

Bambini, *à Tremblino.* — Il paraît que la fête est toujours de son goût.

Tremblino. — Il vaut mieux qu'il y danse, que si ses hommes d'armes nous la faisaient danser.

Dorothée. — Quoi ! nous irons au bal, au banquet, au tournoi, escortées par ce jeune et charmant Damoisel? Quel bonheur ! quelle ivresse ! que de cœurs me seront soumis ! comme je vais danser ! Prince, j'accepte votre bras.

Théolinde. — Si le prince veut me l'offrir...

Aspasie. — S'il me juge digne de m'appuyer sur lui !

Bambini, *à part.* — Payons-les en monnaie de cour. (*Haut.*) Qui pourrait choisir entre vous ?

Vaudeville du Baiser au Porteur.

Dans tes filets, Cupidon tu m'enlaces,
Et franchement je ne sais pas,
A laquelle de ces trois graces
Je dois faire offre de mon bras :
Vôtre beauté cause mon embarras.
Pour la chanter ma voix devient muscte
J'aime les fers que vos yeux font porter,
Et mon cœur est une navette
Qui voltige sans s'arrêter.

La Truffardière, *à ses filles.* — Vous tournerez toutes les têtes. (*Haut.*) Et pour deux gendres qu'il me faut, j'aurai trente amans à mes pieds.

Bilboquet, *à Dorothée.* — Et ces robes qui nous rendent si belles, que faudra-t-il répondre à leurs propriétaires s'ils les font demander.

Dorothée. — Vous êtes un sot, mon ami.

Bilboquet. — Si cette réponse les satisfait, ils auront bien de la bonté.

Cendrillon, *à La Truffardière.* — Et moi, vous suivrai-je à la fête?

La Truffardière. — Vous? une Cendrillon? joli personnage à montrer.

Cendrillon. — Que ferai-je donc seule ici?

La Truffardière. — Vous profiterez du souper que je vous abandonne.

Cendrillon, *à part.* — Le pauvre en a fait son repas, et l'on ne me grondera point, c'est tout ce que je veux.

Tremblino. — Prince, voilà vos écuyers. (*Les écuyers entrent.*)

Bambini. — Belles dames, daignez me suivre.

Théolinde. — Que nous sommes heureuses!

Tremblino, *à Bambini.* — Venir pour les mettre aux arrêts, et les emmener en triomphe !

Bambini, *à Tremblino.* — C'est original, j'en conviens ; mais les fées, les enchanteurs, l'orage, et les quatre-vingts hommes d'armes qui nous tomberaient sur les bras, tout cela donne à réfléchir.

La Truffardière. — Je vais donc briller à la cour !

Cendrillon, *à Bilboquet.* — Et nous rester auprès du feu.

DOROTHÉE. — En me voyant si fraîche et si jolie, toutes les dames crèveront de dépit.

AIR *de M. Lautz.*

TOUS.

Partons, le plaisir nous appelle,
Nous allons fixer tous les yeux.
Car la présence d'une belle
Est toujours un bienfait des dieux.

LA TRUFFARDIÈRE.

Enfin à la cour ma vaillance
De nouveau me met en renom !
Et je veux du fer de ma lance
Rajeunir mon vieil écusson.

DOROTHÉE.

Pour moi quel beau jour vient de naître !
Au bal, la rougeur sur le front,
Beaux chevaliers je vais paraître
Et tous les cœurs m'appartiendront.

THÉOLINDE, ASPASIE.

C'est à moi qu'ils appartiendront.

LA TRUFFARDIÈRE.

A la fête je vais paraître
Et les honneurs m'appartiendront.

TOUS.

Partons, le plaisir nous appelle, etc.

(*Tout le monde se retire, excepté Cendrillon et Bilboquet.*)

SCÈNE VIII.

CENDRILLON, BILBOQUET.

CENDRILLON. — Que j'aurais été satisfaite de les accompagner !

BILBOQUET. — En attendant, vos sœurs et votre tante, ont sur leurs dos le bien d'autrui.

CENDRILLON. — Tu es trop méchant, Bilboquet, et si tu continues, mon amitié pour toi diminuera.

BILBOQUET. — Et le pauvre est-il éveillé ?

CENDRILLON, *allant à la porte.* — Il sommeille encore. Mais dans le fauteuil de papa, je dormirai tout aussi bien que dans ma chambre, et me croirai au bal.

(*Une musique religieuse se fait entendre, la porte de Cendrillon s'ouvre tout-à-coup. Mélidor magnifiquement vêtu, s'avance près de Cendrillon.*)

AIR *de M. Lautz.*

MÉLIDOR.

Cher enfant, maintenant ta bonté m'est connue,
Ton cœur se plaît à l'exercer !
La prière du pauvre au ciel est parvenue
Et ton bonheur va commencer.

CENDRILLON, BILBOQUET.

Ah ! grands dieux ! qu'ai-je vu ?

MÉLIDOR.

Celui dont la détresse
A cessé, grace à ton secours.
Offrir ses dons à la vieillesse
C'est mériter de voir bénir ses jours.
Déjà par mes prestiges
Du prince Bambini j'ai fasciné les yeux :
Maintenant, par d'heureux prodiges,
Tu vas au bal, obtenir tous les vœux.

CENDRILLON.

Au bal ? moi ?

MÉLIDOR.

Bilboquet, dont l'ame noble et pure
Honorerait un chevalier,
Va voir se réparer les torts de la nature,
Il deviendra ton écuyer.

(*Cendrillon est tout-à-coup revêtue des plus riches habits, ainsi que Bilboquet dont la difformité disparaît. Au même instant, la cheminée devient une magnifique toilette dans laquelle Cendrillon se voit.*)

CENDRILLON.

Quel changement subit ! que ma toilette est belle !

BILBOQUET.

Je vois, marche, et mon dos a perdu sa rondeur.

MÉLIDOR.

A ses devoirs qui sait rester fidèle
Est sur la route du bonheur.
(*A Cendrillon.*)
De ton existence nouvelle
Jouis sans abuser, le destin veut aussi
Que demain, à minuit, on te retrouve ici.

BILBOQUET.

A minuit ?

MÉLIDOR.

A minuit.

BILBOQUET.

Qu'il en soit fait ainsi.

(*Le fond du théâtre s'ouvre, on aperçoit un char entouré de génies.*)

MÉLIDOR ET LES GÉNIES.

Cendrillon, le ciel nous l'ordonne,
T'obéir, voilà notre loi !
Sois toujours charitable et bonne,
Et les dieux veilleront sur toi.

(*Cendrillon et Bilboquet montent dans le char.*)

TABLEAU.

DEUXIÈME JOURNÉE.

Le théâtre représente une riche galerie préparée pour une fête. — Des colonnes ornées d'armures coupent la scène transversalement et sont unies entr'elles par des vitraux de différentes couleurs. — Deux grands vases de porcelaine, remplis de fleurs, sont placés à chaque extrémité de la scène.

SCÈNE PREMIÈRE.

LE PRINCE CHARMANT, TOURNESOL, FLORESTAN ; PLUSIEURS AMIS DU PRINCE CHARMANT.

CHARMANT. — Oui, sage Tournesol, mes jeunes compagnons et moi, nous avons une telle confiance dans vos hautes lumières...

TOURNESOL. — Ah ! monseigneur !

FLORESTAN. — Dans votre esprit.

TOURNESOL. — Vous me rendez confus.

CHARMANT. — Nous connaissons si bien la rectitude de votre jugement.

TOURNESOL. — Ah ! monseigneur !

FLORESTAN. — Tout l'intérêt que vous inspire notre ami, votre royal élève.

TOURNESOL. — Je suis payé pour ça...

CHARMANT. — Pour n'être pas persuadés, que vous pensez ainsi que nous.

TOURNESOL. — C'est mon devoir.

FLORESTAN. — Ainsi donc, vous soutiendrez avec nous que le mariage...

TOURNESOL. — Est un lien de fleurs, si son altesse le désire.

CHARMANT. — Pas du tout.

TOURNESOL. — Alors, c'est une chaîne; dont le poids nous écrase et peut nous rendre malheureux.! Ton gouverneur a des expressions si justes, si complètes.... Conserve-le bien mon ami : ses pareils ne sont pas communs.

FLORESTAN. — Bravo! bravissimo! une chaîne... le poids qui nous écrase!

TOURNESOL. — Vous me flattez.

CHARMANT. — Nullement, mais vous vous unirez à moi pour représenter à ma tante, la princesse Corisande, qui veut me voir passer dès aujourd'hui sous le joug de l'hymen, qu'à mon âge on préfère le célibat.

TOURNESOL. — Sans doute, monseigneur.

FLORESTAN. — Afin de vivre sans soucis.

TOURNESOL. — En pleine liberté.

CHARMANT. — Et si quelqu'un veut blâmer ma conduite, vous ferez chorus avec nous.

TOURNESOL. — Avec plaisir, mon prince.

CHARMANT. — Et nous répondrons aux frondeurs.

Air du Gamin de Paris.

Vivent les garçons!
C'est par leurs chansons
Que des francs lurons
La devise
En pratique est mise!
Gai comme un pinson,
Rire à l'unisson,
Dire au chagrin : non,
C'est le garçon
Bon.
Une fois époux
Plus de joujoux,
Mais une dame
Dont les yeux jaloux
Sont jour et nuit fixés sur nous,
Voulant qu'à genoux,
Comme on fait dans un mélodrame
Chacun soit tenté
De rendre hommage à sa beauté!
Diamans, rubis,
Sont par elle acquis :
En payant leur prix
Notre cassette
Est bientôt nette.
Adieu les bonbons!
Plus de macarons!
Grace au bijoutier
Il faut quitter le pâtissier!
Prenez-vous l'air sévère
On s'écrie en pleurant :
» D'un sexe fait pour plaire
» Êtes-vous le tyran?
Amis, le mariage,
Je le déclare ici,
Est un rude esclavage
Que l'on doit fuir. Ainsi,
TOUS.
Vivent les garçons, etc.
FLORESTAN, à Charmant.
Ce n'est rien encor;
Mais si le sort
Comblant ta peine
Trouve qu'il est beau
Chaque an de te faire cadeau
D'un poupon nouveau;
Je t'en vois bientôt la douzaine.
Crains ce mal réel
D'être un gigogne paternel!
De tous ces enfans
Moi déjà j'entends
Les bruyans accens;

Si l'un te prie,
Un autre crie
Le cerveau fendu
» Heureux, diras-tu,
» Le temps qui ma vu
» M'amuser au cheval-fondu!
Bien plus que l'hymenée
Le jeu plaît à mon cœur;
Qui joue dans l'année
Douze mois de bonheur.
Et dût ma noble race
Dont je n'ai nul souci
Ne pas laisser de trace
De son passage ici :
TOUS.
Vivent les garçons!
C'est par leurs chansons
Que des francs lurons
La devise
En pratique est mise!
Gai comme un pinson,
Rire à l'unisson,
Dire au chagrin : non.
C'est le garçon
Bon.

(*Le prince et ses compagnons prennent Tournesol par la main et le font danser avec eux.*)

SCÈNE II.

LES PRÉCÉDENS, CORISANDE.

CORISANDE, à Tournesol. — En croirai-je mes yeux? un grave personnage, s'accocier, aux jeux d'une extravagante jeunesse, répéter un refrain dont le but est d'encourager votre élève à persister dans son refus de choisir une épouse parmi les nobles demoiselles dont notre cour va s'embellir!

TOURNESOL. — princesse, je pensais...

CHARMANT. — Taisez-vous, et laissez-moi dire, ce sera moins long et plus clair. (*A Corisande.*) Ce soir, ma chère tante, est le terme fixé par vous pour enchaîner ma liberté : j'ignore encore si mon obéissance me fera céder en aveugle aux désirs que vous exprimez, mais quelle que soit ma résolution, elle sera toujours digne de celui qui la fera connaître et de celle qui l'entendra.

CORISANDE. — Cependant...

CHARMANT. — Le sceptre entre mes mains ne sera point un hochet inutile, et comme sans bien réfléchir, je ne rendrai aucun arrêt, ma volonté sera toujours suivie.

FLORESTAN, à ses amis. — A merveille, mon cher : quand un prince se cache, il est souvent vaincu; il triomphe en se faisant voir.

CORISANDE. — Vous promettez au moins d'être galant auprès des dames, chercher à leur plaire?

CHARMANT. — A toutes, chère tante : mais en choisir une? Jamais; c'est un point résolu.

FLORESTAN, à Corisande. — A quinze ans on a de la tête; on est homme, un peu jeune c'est vrai, mais enfin on n'est plus un marmot, et si notre ami nous en croit, nous chanterons encore longtemps, princesse, le refrain que vous condamnez.

CHARMANT. — Longtemps? toute la vie. Et pour le prouver camarades, qu'il soit notre chant de départ. (*Le prince et ses amis s'éloignent en répétant vivent les garçons.*)

SCÈNE III.
GORISANDE, TOURNESOL.

CORISANDE. — Cette opiniâtreté à repousser tout projet d'hyménée augmente mon inquiétude, et vous semblez, en caressant les caprices d'un enfant sans expérience, désapprouver ainsi que lui, les plans que j'ai formés.

TOURNESOL. — Mais c'est que mon élève dit je le veux, avec un air, un ton...

CORISANDE. — C'est encore votre faute.

TOURNESOL. — Ma faute, noble dame?

CORISANDE. — Osez me démentir, chargé de l'éducation de mon fils, le prince Bambini, qu'en a fait votre grand savoir? un sot, un imbécile...

TOURNESOL, *l'interrompant.* — Ah! princesse.

CORISANDE. — Point de pardon, c'est ce que je voulais, et vous avez surpassé mon attente.

TOURNESOL. — J'en remercie le ciel.

CORISANDE. — j'ai cru, vous confiant le soin de diriger les études de son cousin, obtenir résultat semblable, et je vois à regret que l'intelligence du prince, croissant de jour en jour...

TOURNESOL. — Je ne fais rien pour ça.

CORISANDE. — Peut briser mon pouvoir et me rendre sujette, lorsqu'il m'était si doux de gouverner.

TOURNESOL. — Si votre altesse m'expliquait....

CORISANDE. — La nécessité m'y oblige; vous allez tout savoir.

SCÈNE IV.
LES PRÉCÉDENS, CENDRILLON.

CENDRILLON. — J'ai perdu Bilboquet dans la foule : comment le retrouver?

TOURNESOL. — Et vous pouvez, princesse, compter sur ma discrétion.

CENDRILLON, *à part.* — Princesse! moi qui me croyais seule ici!... Quelle est belle! cachons-nous pour la mieux regarder. (*Elle se place derrière un des vases.*)

CORISANDE. — Malgré la résistance de l'enchanteur Mélidor, le conseil des fées déposa entre mes mains, à la mort de mon frère, les rênes du gouvernement et décida que le prince Charmant, s'il prenait une épouse, avant d'avoir volontairement donné un anneau constellé, qui lui fut mis au doigt, ne ceindrait jamais le diadème.

CENDRILLON, *à part.* — On aurait dû le prévenir.

CORISANDE. — La mort devant punir les indiscrets, on garda le silence.

CENDRILLON, *à part.* — Et l'on fit bien : mourir ce n'est pas amusant.

CORISANDE. — Le conseil défendit ensuite à Mélidor de revoir mon neveu, tant qu'il serait porteur de la bague enchantée, et m'autorisa à l'enchaîner dans les nœuds de l'hymen, dès qu'il aurait atteint sa quinzième année.

TOURNESOL. — Je comprends maintenant le but de vos démarches.

CORISANDE. — Qu'il soit époux ce soir, je suis reine demain, car l'anneau ne l'a point quitté.

CENDRILLON, *à part.* — Ce pauvre petit prince! il m'intéresse malgré moi.

CORISANDE. — La fête que je donne, réunira de nombreuses beautés, qu'il fasse un choix, et j'y souscris : mes ennemis n'y seront pas.

TOURNESOL. — Vos ennemis, princesse?

CORISANDE. — Un ancien chevalier, le baron de la Truffardière, et toute sa famille.

CENDRILLON, *à part.* — Mon père?

TOURNESOL. — Le baron de la Truffardière?

CORISANDE. — C'est parmi les nobles filles de sa maison, que se rencontre, dit-on, celle qui pourrait avant l'hymen du prince, obtenir de lui son anneau.

CENDRILLON, *à part.* — Son anneau? Ah! si c'était moi.

CORISANDE. — Et mon fils est allé par mes ordres, arrêter dans leur vieux châteaux, la famille que je redoute.

CENDRILLON, *à part.* — Que dit-elle? ma tante, mes sœurs et mon père viennent tous d'arriver! N'importe, elle me fait trembler, et je vais dire à Bilboquet tout ce que j'ai appris. (*Elle sort.*)

CORISANDE. — Grâce à cette précaution, je n'ai plus rien à craindre.

SCÈNE V.

CORISANDE, LE PRINCE BAMBINI, TREMBLINO, TOURNESOL.

BAMBINI. — A la fin, m'y voilà! et ce n'est pas sans peine! Ouf! le maudit voyage; j'ai cru ne jamais revenir.

CORISANDE. — Qui vous ramène ici?

BAMBINI. — Nos chevaux et nos jambes. N'est-ce pas, Tremblino?

TREMBLINO. — Oui, monseigneur.

CORISANDE. — Eh qu'a dit le baron de mes ordres?

BAMBINI. — Rien, car il les ignore, et j'ai bien fait de n'en pas dire un mot, car ses ses hommes d'armes et les enchanteurs, ses amis, s'en seraient offensés.

CORISANDE. — Ainsi mes volontés...

BAMBINI. — Sont fort sages, j'en jurerais; mais conserver mon corps auquel je tiens beaucoup m'a paru plus prudent.

CORISANDE. — La moindre chose vous effraie.

BAMBINI. — Et ma foi, ce n'est pas sans raison.

AIR : *Songez donc que vous êtes vieux.*

> Aux chevaliers qui bravent tout
> Plus qu'à leur tour, la mort s'adresse,
> Et puisqu'il faut périr, mon goût
> Serait de mourir de vieillesse.
> Pour ne m'en aller qu'à mon gré,
> Je donnerais tout un empire :
> Car jamais un prince enterré
> Ne vaut pas un goujat qui respire.

CORISANDE. — Et vous avez laissé le baron de la Truffardière au milieu de tous ses enfans?

BAMBINI. — Plus souvent qu'il y serait resté. Lorsqu'il veut quelque chose, il le veut chaudement.

TREMBLINO. — Malgré ses soixante ans, il aime encore le bal.

BAMBINI. — Et c'est nous qui aurions dansé, s'il ne fût venu à la fête.

CORISANDE. — Quoi! mon fils, il serait....

BAMBINI. — Plein de joie ainsi que sa famille, de paraître à la cour.

CORISANDE. — L'auriez-vous amené?

BAMBINI. — Allez donc refuser un gaillard qui possède les terres où viennent les plus belles truffes, et dispose, quand il lui plaît, de quatre-vingts hommes superbes, et braves...

CORISANDE. — Plus que vous?

BAMBINI. — Je ne dirai pas non.

CORISANDE. — Et ce n'est pas assez de l'introduire ici malgré ma défense formelle, il faut encore le faire accompagner de ses parens?

BAMBINI. — Une sœur, vieille fille sur le retour, et deux charmantes bachelettes : une taille, des yeux!

CORISANDE. — Il va me faire leur éloge!

BAMBINI. — C'est qu'il est mérité.

CORISANDE. — Et le vôtre, personne ne le prononcera, car il est impossible d'avoir plus de défauts et moins de qualités.

BAMBINI. — Allez, allez, toujours : ne vous gênez pas : Supposez que je suis absent, et continuez mes louanges, mon orgueil ne s'augmentera point.

CORISANDE, *à Tournesol.* — Tournesol, empêchez mon neveu de voir cette famille.

TOURNESOL. — Je vais vous obéir. (*Il s'éloigne.*)

BAMBINI. — Je n'y entends plus rien, vous voulez, quoiqu'il soit bien jeune, marier mon cousin, et vous éloignez de sa vue, celles qui pourraient le charmer!

CORISANDE. — Ai-je demandé votre avis?

BAMBINI. — Pas le moins du monde, il est vrai, mais vous seriez du mien à l'égard des deux jeunes filles, si vous les regardiez.

CORISANDE. — C'est la beauté dont elles sont pourvues qui me fait craindre leur présence! me comprenez-vous à présent?

BAMBINI. — Un peu moins de minute en minute, et pour peu que cela continue je n'y entendrai rien du tout.

CORISANDE. — Ah! si je trouvais un moyen...

BAMBINI. — Offrez-moi quelque jour une épouse semblable à l'une des deux sœurs, et je dirai : Présent! sans me faire tirer l'oreille.

TREMBLINO. — Moi de même, seigneur.

CORISANDE, *réfléchissant.* — Qui m'en empêcherait? Leur noblesse est égale à la nôtre; les enchanteurs se sont déclarés leur appui, et ce projet exécuté, elles ne pourraient plus s'emparer de l'anneau, puisqu'il faut être encore demoiselle pour l'obtenir du prince! (*Haut.*) Approchez-vous, mon fils.

BAMBINI. — Que voulez-vous de moi?

CORISANDE. — En facilitant au baron de la Truffardière, son entrée à la cour, vous avez méconnu mes ordres, mais je suis bonne mère, et pour seule punition, j'exige qu'à l'instant, vous et Tremblino, que j'élève au rang de chevaliers, engagiez votre foi aux deux parentes du baron.

BAMBINI. — S'il s'agit des petites, vous nous voyez tout disposés à former le nœud conjugal; mais la sœur, cette vieille folle, qui prend le passé pour un rêve, les grimaces pour de la grace, et rajeunit son extrait baptistaire de six mois tous les ans, nous ne serons jamais pour elle, du bois dont on fait les maris.

CORISANDE, *à part.* — Le destin il est vrai ne s'est pas expliqué, et la tante ainsi que les nièces doit avoir un époux, je vais m'en occuper. (*Haut.*) Demandez au baron la main de ses deux filles; je leur ferai savoir le sort brillant qui les attend. (*Elle sort.*)

SCÈNE VI.

LE PRINCE BAMBINI, TREMBLINO.

BAMBINI. — Qu'en dis-tu, Tremblino?

TREMBLINO. — J'en suis anéanti, mon prince.

BAMBINI. — Hier au soir trembler de peur, aujourd'hui tressaillir d'allégresse et d'espoir.

TREMBLINO. — C'est en l'honneur de nos fiançailles, que les arbres dansaient au beau milieu de la forêt.

BAMBINI. — Obtenir pour compagne une beauté parfaite!

TREMBLINO. — Être fait à-la-fois époux et chevalier!

BAMBINI. — Quand je n'y songeais guères.

TREMBLINO. — Quand je n'y pensais pas!

BAMBINI. — C'est étourdissant.

TREMBLINI. — C'est incompréhensible.

BAMBINI. — Mais laquelle des sœurs montera jusqu'à moi?

TREMBLINO. — Est-ce l'aînée ou la cadette qui descendra à mon niveau?

BAMBINI. — Les yeux bleus ont bien du mérite.

TREMBLINO. — Un air mutin perce son homme à jour.

BAMBINI. — Nous nous consulterons comme amis.

TREMBLINO. — Comme frères.

BAMBINI. Silence ! j'entends le papa.

SCÈNE VII.

LES PRÉCÉDENS, LA TRUFFARDIÈRE.

LA TRUFFARDIÈRE.

AIR : *Prenons d'abord l'air bien méchant.*

Séjour des preux, mon œil vous voit !
Sol des palais, mon pied vous touche !
Pour célébrer plus d'un exploit,
Ici, tout emprunte une bouche !
Marbre et vitraux, d'un chevalier
Retracent l'histoire complète,
Et c'est au jugement dernier
Que leur gloire a pris sa trompette.

BAMBINI, *allant à lui.* — Chevalier de La Truffardière...

LA TRUFFARDIÈRE. — Pardonnez, je croyais, transporté d'un saint enthousiasme, me trouver face-à-face avec les plus grands hommes.

BAMBINI. — Vous ne nous aperceviez pas.

LA TRUFFARDIÈRE. — Monseigneur devine toujours.

BAMBINI. — Quelquefois, vous avez raison. (*A Tremblino.*) Faisons notre demande. (*A La Truffardière.*) Par exemple, j'affirmerais que l'établissement de vos gentilles héritières, occupe souvent vos esprits.

LA TRUFFARDIÈRE. — Quel œil observateur, pénétrant, comme il sait lire au fond de l'ame ! Cachez donc quelque chose aux grands. Ils n'auront pas plutôt appris, qu'un honnête homme a des enfans, qu'il les aime, qu'on les entendra s'écrier : « c'est un bon, un ex-» cellent père que ce respectable chevalier ! » Il a des filles, donc il lui faut des gendres ! Où le peuple n'aurait rien vu, ils découvriront quelque chose ; ils savent sans rien apprendre ; et la noblesse inventerait le monde, si le monde n'existait pas.

BAMBINI. — Vous êtes riche, chevalier ?

LA TRUFFARDIÈRE. — Oui, seigneur, comme on ne l'est pas.

BAMBINI. — Entretetenir quatre-vingts hommes d'armes, c'est tenir dans le monde un rang fort distingué.

LA TRUFFARDIÈRE. — Certainement, grand prince. (*A part.*) Où veut-il en venir ?

BAMBINI. — Vous avez sous vos ordres un nombre infini de valets ?

LA TRUFFARDIÈRE, *à part.* — Bilboquet qui n'a point de gages, et qui mange fort peu.

TREMBLINO. — Vous recevez les fées, les enchanteurs ?

LA TRUFFARDIÈRE. — Trente jours dans un mois, quelquefois davantage. (*A part.*) Je n'en ai jamais vu un seul.

BAMBINI. — Enfin, vous possédez ?....

LA TRUFFARDIÈRE. — Des truffes excellentes.

BAMBINI. — Le vrai moyen de parvenir.

LA TRUFFARDIÈRE. — C'est l'avis de tous les gourmands.

BAMBINI. — Eh ! qu'apporteront en dot à leurs époux vos séduisantes demoiselles ?

LA TRUFFARDIÈRE. — Ma bénédiction, un grand fonds de vertu, et vingt-six quartiers de noblesse.

BAMBINI. — Mais vos propriétés ?

LA TRUFFARDIÈRE. — Je les garde.

BAMBINI. — C'est d'un bon père.

LA TRUFFARDIÈRE. — N'est-il pas vrai, Seigneur ?

BAMBINI. — Eh bien, en attendant le domaine des truffes, nous prendrons la noblesse et le fonds de vertu.

LA TRUFFARDIÈRE. — Vous me faites l'honneur de dire...

BAMBINI. — Qu'ainsi que mon ami, le chevalier Tremblino, moi, prince Bambini, suis possesseur d'un cœur sensible et tendre, que vos filles sont belles, bonnes à marier, et qu'avec l'aveu de ma mère nous vous les demandons.

LA TRUFFADIÈRE. — Attendez ! mon esprit bat la générale, les oreilles me tintent, mon œil peut fixer le soleil, un poids de cinq cents livres, tombé des régions célestes, ne m'étourdirait pas autant.

AIR *de Lisbeth.*

Qu'ai-je entendu ! comment ! eh quoi !
Pour mon gendre avoir une altesse ?
Le parent, le cousin du roi
Par l'hymen s'allier à moi
Et faire mon enfant, princesse !
Pour satisfaire tour-à-tour
Et sans sortir de la famille,
Sa gourmandise et son amour,
Il aura (*bis*) la truffe et la fille !

TREMBLINO. — Ainsi, vous consentez ?

LA TRUFFARDIÈRE. — Mille fois plutôt qu'une.

BAMBINI. — Les deux noces ce soir ?

LA TRUFFARDIÈRE. — Les deux noces ce soir.

BAMBINI. — Cher beau-père !

LA TRUFFARDIÈRE, *leur tendant la main.* — Mes fils !

BAMBINI, *bas à Tremblino.* — C'est égal : que ma mère ait toujours de telles idées, nous ne nous plaindrons pas.

SCÈNE VIII.

LES PRÉCÉDENS, BILBOQUET, *en chevalier.*

BILBOQUET, *à part.* — Ah ! voilà notre maître et les prétendus de ses filles : l'enchanteur a juré que nous étions méconnaissables ;

amusons-nous un peu. (*Haut.*) Où sont donc les nobles futurs, crie-t-on de toutes parts, et vous restez ici? Vos belles fiancées se disposent à vous broder de brillantes écharpes. (*A La Truffardière.*) Elles brodent fort bien, n'est-ce pas, chevalier?

LA TRUFFARDIÈRE *étonné.* — Oui.... pour leur amusement.

BILBOQUET, *bas au baron.* — Et pour faire bouillir le pot.

LA TRUFFADIÈRE, *à part.* — Quel est cet insolent?

BAMBINI. — Beau-père, autorisés par vous, nous allons auprès de vos filles déployer notre esprit, nos graces, nos talens, et leur offrir des chaines en échange des fers qu'elles nous font porter.

LA TRUFFARDIÈRE. — Comme c'est délicat!

BILBOQUET, *à part.* — Aussi sot l'un que l'autre.

BAMBINI, *à Tremblino.* — Nous sommes trop aimables, ma parole d'honneur. (*Il sort avec Tremblino.*)

SCÈNE IX.

LA TRUFFARDIÈRE, BILBOQUET.

BILBOQUET, *à part.* — Changé comme je suis, il ne pourra me reconnaître. En avant, Bilboquet.

LA TRUFFARDIÈRE, *à part.* — Ce cavalier paraît en savoir sur mon compte plus que je ne voudrais : filons doux avec lui. (*Haut.*) Nous allons donc, seigneur, voir un double hymenée!

BILBOQUET. — Rien encore n'est conclu.

LA TRUFFARDIÈRE. — La parole est donnée.

BILBOQUET. — On y manque souvent.

LA TRUFFARDIÈRE. — Mais il faut des motifs.

BILBOQUET. — On en invente s'il le faut. Un jour, c'est la fortune.

LA TRUFFARDIÈRE. — On sait quels sont mes biens?

BILBOQUET. — Ils tiendraient dans mon œil.

LA TRUFFARDIÈRE. — Mais, chevalier, je suis...

BILBOQUET. — Sans le sol, c'est connu.

LA TRUFFARDIÈRE. — Vous m'insultez, jeune homme!

BILBOQUET. — Une autre fois, on trouve un moyen de rupture dans les goûts et le caractère : vos filles sont...

LA TRUFFARDIÈRE. — Des modèles de gentillesse, de bonté, de franchise, d'une humeur agréable, d'une douceur parfaite, d'une....

BILBOQUET, *l'interrompant.* — De la douceur? vos filles? ce sont de vrais démons.

LA TRUFFARDIERE. — Oh! c'en est trop!

BILBOQUET. — Tenez, je les entends, écoutez et jugez.

SCÈNE X.

LES PRÉCÉDENS, THÉOLINDE, ASPASIE.

AIR de Fra Diavolo.

THÉOLINDE.
Ce sera moi   (*bis.*)
Que le prince fera princesse.
ASPASIE.
Ce sera moi   (*bis.*)
Qui du prince obtiendrai la foi.
THÉOLINDE.
Ce sera moi.   (*bis.*)
Pour porter le titre d'altesse,
S'il faut talens, beauté, noblesse,
Qui pourrait l'emporter sur moi?
Ce n'est pas toi!
ASPASIE.
Ce n'est pas toi!
Qui pourrais l'emporter sur moi.
TOUTES LES DEUX.
Ce n'est pas toi.

BILBOQUET, *au baron.* — Que dites-vous de l'harmonie qui règne entre les sœurs?

LA TRUFFARDIERE. — C'est la première fois. (*A ses filles.*) Mes bons petits amours...

THÉOLINDE. — Le prince a des yeux, il nous juge, et c'est moi qui triompherai.

LA TRUFFARDIERE. — Je sais ce que tu vaux, et cependant ta sœur...

ASPASIE. — Théolinde vouloir un prince pour époux, quand je n'aurais qu'un chevalier.

LA TRUFFARDIERE. — Si j'avais à choisir, je n'hésiterais pas, et pourtant Théolinde...

THÉOLINDE. — Je l'ai dit, et je le répète : le prince Bambini a fait voir qu'il me distinguait.

ASPASIE. — Sans m'adresser un mot il m'a dit bien des choses.

BILBOQUET. — C'est adroit d'entendre un muet.

THÉOLINDE. — Et mon père va dire si j'ai tort ou raison.

Air de la Dot.

Pendant la route, ses regards
Etaient sur moi fixés sans cesse;
Les prévenances, les égards,
Annoncent toujours la tendresse,
Qu'il vienne! ce prince chéri?
J'aurai le cœur et le mari.

LA TRUFFARDIERE. — Je conviens qu'alors les apparences...

ASPASIE. — Et sa présence continuelle auprès de ma litière, la comptez-vous pour rien?

LA TRUFFARDIERE. — Il est certain qu'alors on pourrait croire...

THÉOLINDE. — Oui, mais ce n'est pas tout.

Même air.

Devant ma tante, il hésitait :
Plus on aime et plus on balance!
S'il n'a rien dit, c'est qu'il savait
Que j'interprétais son silence!
Qu'il vienne! ce prince chéri!
J'aurai le cœur et le mari.

LA TRUFFARDIERE. — Allons, je suis de ton avis.

Théolinde. — Préférer Aspasie à moi, ce serait outrager mes charmes.

Aspasie. — Donner la palme à Théolinde prouverait des goûts bien communs !

Théolinde. — Ma sœur, ménagez vos expressions.

Aspasie. Cessez d'aller sur mes brisées.

Théolinde. — Une rivale est capable de tout.

Aspasie. — Une rivale fait horreur !

La Truffardière, *allant de l'une à l'autre.* — Théolinde ? Aspasie ?

Bilboquet. — Pour vous mettre d'accord, si j'étais consulté, le prince Bambini ne donnerait sa main à l'une ni à l'autre.

La Truffardière. — Mais, chevalier, j'ignore comment un inconnu peut prendre ainsi la liberté ?..

Bilboquet. — De dire ce qu'il pense ? Vous n'êtes pas au bout.

La Truffardière. — Encore !

Bilboquet, *à Théolinde.* — Cette robe est fort belle, mais elle est trop étroite, et je parierais qu'on l'a faite pour une autre que vous.

Théolinde, *à part.* — Ah ! grands dieux ! saurait-il que ces riches habits ne m'appartiennent pas ?

Bilboquet, *à Aspasie.* — Vos parures sont d'un excellent goût. Quel dommage que leur propriétaire ne puisse les porter au bal du souverain !

Aspasie. — Mais, chevalier, ma robe ?..

Bilboquet. — Est votre ouvrage, et vingt écus devaient vous payer la façon.

Théolinde. — Enfin, nous direz-vous ?

Bilboquet. — Le fond de ma pensée ? avec plaisir, mes jouvencelles.

Vaudeville du Charlatanisme.

Donner pour sien le bien d'autrui
Est pour le cœur d'un triste augure ;
Et telle qui brille aujourd'hui
Fera demain sotte figure.
Qui n'a qu'une jupe de lin
Ne doit pas avec étalage
Porter la robe du voisin,
Car le geai paraît bien vilain
Quand le paon reprend son plumage.

La Truffardière. — Mes enfans, cet homme est une peste, qui se rit de notre embarras ; mais je me vengerai.

Bilboquet. — Sur qui ?

Théolinde. — Sur Cendrillon ; elle seule a pu nous trahir, et dire nos secrets.

Bilboquet. — Elle ? nuire à ses sœurs ! lui croyez-vous un cœur méchant comme le vôtre ?

Théolinde. — Méchante ! moi, mon père ?

La Truffardière. — Je n'y puis tenir plus longtemps, les propos de cet insolent ?.. Chevalier, nous nous reverrons.

Bilboquet. — En arrivant dans votre vieux château. Je serai à la porte afin de vous l'ouvrir.

La Truffardière. — Vous connaîtrez ce dont je suis capable. Mes enfans, rendons-nous auprès de la princesse, et que vos heu-

reux mariages couronnent ce beau jour. (*Il sort avec ses deux filles.*)

Bilboquet, *seul.* — Allez, mon cher patron, celui qui nous protége est plus puissant que vous. Criez, mettez-vous en colère, vous n'effraierez pas Bilboquet.

SCÈNE XI.

DOROTHÉE, BILBOQUET.

Dorothée. — En voilà encore un que je n'ai point interrogé. (*A Bilboquet.*) Chevalier, je n'ai pas besoin de savoir si vous êtes beau, riche ou brave, si votre esprit est cultivé, votre naissance noble, votre humeur douce ou bienveillante, tout cela m'est indifférent ; mais ce qu'il importe à la femme la plus sensible de connaître à l'instant, c'est votre état civil : êtes-vous marié, veuf ou garçon ?

Bilboquet. — Garçon !

Dorothée. — Enfin, je l'ai trouvé ! ce mortel à qui je destine le bonheur à perpétuité ! Cet être qui doit embellir toutes les saisons de ma vie ! Garçon, ce mot dit tout ! Mais rassurez-vous, mon ami, encore quelques minutes, vous ne le serez plus, ma main, mon cœur, de grands biens qu'on me donne, tout cela vous appartiendra !

Bilboquet. — Non, de par tous les diables.

Dorothée. — Un refus ? Regardez-moi donc.

Bilboquet. — Assez, assez, ma vieille.

Dorothée. — Vieille ? Moi ?

Bilboquet. — Et depuis longtemps.

Dorothée. — C'est pour cela qu'il faut que l'on m'épouse.

Bilboquet. — J'aime le célibat.

Dorothée. — Vous lui direz adieu.

Bilboquet. — Jamais !

Dorothée. — C'est ce que nous verrons. Quand j'ai dit je le veux, il faut qu'on m'obéisse, vous serez mon mari.

Bilboquet. — En voici bien d'une autre.

Dorothée. — N'est-il pas vrai, mon cher ?

Bilboquet. — Vous êtes une folle.

Dorothée. — Je viens vous offrir le bonheur.

Bilboquet. — Je n'accepte point de cadeau.

Dorothée. — Ingrat ! vous l'obtiendrez en dépit de vous-même, cette félicité sans bornes, que seule je puis vous donner. En vain vous combattez mes projets d'alliance, ils s'accompliront aujourd'hui. Mon rang, cette richesse qui formera ma dot....

Bilboquet. — Et plus d'un demi-siècle.

Dorothée. — Deviendront votre bien.

Bilboquet. — Rester pauvre me plaît.

Dorothée. — Mais écoutez-moi donc.

Air *de M. Loutz.*

Je suis encor verte ;
Et mon air joyeux,
Ma figure ouverte
Charment tous les yeux.

Du devoir esclave,
Le jour tout entier,
Je vais à la cave,
Je monte au grenier ;
Et crie à l'oreille
D'un valet ronflant,
« Le travail t'attend. »
Mais pour la tendresse
J'ai le cœur formé,
Et par moi sans cesse
Tu seras aimé.
De flamme nouvelle
Naît plaisir nouveau,
Je suis tourterelle,
Deviens tourtereau.

BILBOQUET. — Chanson que tout cela.

DOROTHÉE. — C'est votre dernier mot ?

BILBOQUET. — Je n'en ai jamais qu'un.

DOROTHÉE. — Alors je me rejette sur le vieux Tournesol, gouverneur du prince Charmant ; il est laid, fort maussade, mais enfin il est disponible, et tout me dit de l'accepter.

CENDRILLON, *survenant.* — Ma tante !

DOROTHÉE. — Un jour vous connaîtrez tout ce que je valais, il ne sera plus temps , je porterai le nom d'un autre.

CENDRILLON. — Bah ! vraiment.

DOROTHÉE. — Vous riez, jeune fille ? pleurer conviendrait mieux. Lorsqu'un infortuné se perd, la gaîté ne convient jamais. (*Elle sort.*)

SCÈNE XII.

CENDRILLON , BILBOQUET.

CENDRILLON. — Bilboquet ?

BILBOQUET. — Cendrillon ?

CENDRILLON. — Le bal va commencer.

BILBOQUET. — Et la soirée avance.

CENDRILLON. — Je voudrais voir le souverain.

BILBOQUET. — A minuit il faut décamper.

CENDRILLON. — Je saurais si l'anneau est toujours à son doigt.

BILBOQUET. — L'enchanteur nous en a donné l'ordre.

CENDRILLON. — Son bonheur en dépend peut-être.

BILBOQUET. — L'obéissance est un devoir.

SCÈNE XIII.

LES PRÉCÉDENS, LE PRINCE CHARMANT , FLORESTAN , AMIS DU PRINCE.

CHARMANT. — Jusqu'à ce pauvre Tournesol, mon sage gouverneur, qui me prêche d'exemple et consent à se marier ! Je vais être bientôt le seul garçon de mon royaume.

FLORESTAN. — Fais bâtir un asile pour enfermer les fous, Tournesol y trouvera place.

CHARMANT. — Eh ! que dirait le peuple, s'il apprenait que celui qui a dû m'instruire , est mis par son élève au rang des insensés ?

FLORESTAN. — Il dirait ? il dirait ?.. ou plutôt il ne dirait rien ; car on le fait parler plus souvent qu'il ne prend la parole , et pour peu qu'il chante ou s'amuse, tout lui devient indifférent.

BILBOQUET, *à Cendrillon.* — Un gouverneur ! le peuple ! c'est le prince.

CENDRILLON. — Il est bien gentil.

FLORESTAN , *apercevant Cendrillon.* — Oh ! l'aimable personne. Regarde donc, Charmant.

CHARMANT. — Adorable, cher Florestan. (*A Cendrillon.*) Nous saluons en vous la reine de la fête , et regrettons sincèrement d'être venu si tard vous offrir nos respects.

BILBOQUET. — Ces hommes de la cour, comme ils ont la langue dorée.

FLORESTAN , *à Cendrillon.* — L'escarpolette amuse quelquefois ; de jolis yeux plaisent toujours.

AIR *de votre bonté généreuse.*
S'il avait su votre visite,
Abandonnant tous ses joujoux,
Le prince aurait joui plus vite
Du bonheur d'être à vos genoux.
Nous aimons vous rendre hommage
Mais près de vous , dans quelque temps
Tous les jeux qui charmaient notre âge
Ne seront plus des jeux d'enfans.

CENDRILLON. — Vous me traitez avec trop d'indulgence.

FLORESTAN. — Non, vraiment, mais c'est que.... (*A Charmant.*) Oh ! ma foi, mon royal camarade , si toutes les dames ressemblaient à celle-ci , je ne chanterais plus le bonheur des garçons,

CHARMANT. — Florestan ? prévenez la princesse Corisande de notre retour au palais ; qu'il resplendisse de lumières ; qu'un festin somptueux soit le prélude des plaisirs ; que les clairons annoncent le tournoi , le son du tambourin , le concert et le bal ; que les vins coulent en abondance ; prodiguons tout aujourd'hui ; ma fête est dédiée aux dames, il faut la rendre digne de celles qui en sont l'objet.

FLORESTAN. — Mon ami, lorsqu'on dit bonjour à la galanterie, on dit bonsoir au célibat.

CENDRILLON , *à Bilboquet.* — Bilboquet, laisse-nous.

BILBOQUET, *à Cendrillon.* — Je vais prendre place au banquet, car grace à ce bon pauvre, mon estomac sonne le creux. (*Il sort avec Florestan, et ses amis.*)

SCÈNE XIV.

CHARMANT, CENDRILLON.

CHARMANT, *à part.* — Je ne sais quel trouble m'agite ; mais depuis un instant, je ne suis plus le même, et mes esprits préoccupés... (*Il réfléchit.*)

CENDRILLON , *à part.* — La mort serait le prix d'une indiscrétion, s'est écrié la méchante princesse, et je n'oserai dire au prince tout ce que j'ai appris.

CHARMANT , *à part.* — Ce matin mon cœur

était froid ; maintenant il bat d'une vitesse...

CENDRILLON, *à part.* — Pouvoir sauver quelqu'un, et garder le silence ! c'est très-mal cependant.

CHARMANT, *à part.* — Que je voudrais savoir le nom et le pays de cette jolie étrangère !

CENDRILLON, *à part.* — Porte-t-il toujours son anneau ?

CHARMANT, *à part.* — Si je le lui demande, il me croira curieux.

CENDRILLON, *à part.* — Il a des gants, et je ne puis m'en assurer.

CHARMANT, *à part.* — On pardonne beaucoup aux princes ; je vais l'interroger.

CENDRILLON, *à part.* — Lorsqu'une femme a de l'adresse, elle parvient aisément à son but ; voyons si je pourrai.

CHARMANT. — C'est la première fois, aimable jouvencelle, que vous paraissez à la cour ?

CENDRILLON. — A mon âge, on va peu dans le monde.

CHARMANT. — C'est un malheur pour lui ! mais l'annonce d'un bal où l'on prétend me voir prendre une épouse, a déterminé vos parens à vous conduire ici ?

CENDRILLON. — Non, je suis venue seule.

CHARMANT. — Avec autant de charmes, voyager seule est imprudent.

CENDRILLON. — J'avais mon écuyer.

CHARMANT. — Il doit faire bien des jaloux ; car il vous voit à chaque instant du jour. Il peut vous servir, vous défendre ! Ah ! je donnerais ma couronne pour être heureux autant que lui.

CENDRILLON. — Monseigneur est galant.

CHARMANT. — Pas du tout ; j'ai de la franchise.

CENDRILLON. — Alors, vos courtisans vous prenant pour modèle, les courtisans sont les singes des rois, ne vous cacheront pas la louange ou le blâme qu'excitera votre gouvernement. Si quelque infortuné gémit sous des lois trop sévères, vous en serez instruit ; si quelqu'invention nouvelle est de nature à mériter la sollicitude d'un bon souverain, vous ne l'ignorerez jamais. Votre règne sera cité parmi les règnes glorieux, et les bénédictions du peuple vous accompagneront sans cesse. Par la guerre on illustre ses armes ; avec l'économie on fonde de grands monumens ; mais c'est par la franchise qu'on peut se montrer toujours juste, et que l'on sait se faire aimer.

CHARMANT. — Tant de raison dans un âge si tendre !

CENDRILLON. — Mais n'oubliez-vous pas que le bal vous attend ?

CHARMANT. — En l'ouvrant avec moi vous combleriez mes vœux ?

CENDRILLON. — Si son altesse le désire, je serai fière d'un choix que je n'osais espérer.

CHARMANT. — Veuillez donc accepter ma main.

CENDRILLON, *à part.* — Voici le moment favorable. (*Haut.*) Attendez, je vous en supplie : ma coiffure est dans un tel désordre

CHARMANT. — Nullement, je vous jure.

CENDRILLON, *la main à sa tête.* — Une épingle pourrait rajuster cette fleur ; mais je suis d'une maladresse ! et son altesse a tant de bienveillance pour moi, que peut-être elle daignerait...

CHARMANT. — Devenir votre dame d'atours ? c'est un bonheur pour moi.

CENDRILLON. — Mais vos gants, monseigneur ? ils pourraient vous gêner.

CHARMANT. — Oh ! qu'à cela ne tienne ! (*Il ôte ses gants.*)

CENDRILLON, *tandis que le prince arrange sa coiffure.* — Il a toujours la bague. (*Vivement et prenant la main du prince.*) Ah ! le charmant anneau !

CHARMANT. — C'est lui qui doit me dispenser, dit-on, ou malheur ou félicité.

CENDRILLON. — Vraiment ?

CHARMANT. — Aussi, dès ma plus tendre enfance, m'a-t-on recommandé de le bien conserver.

CENDRILLON. — Et vous avez suivi cet excellent conseil ? Cependant la jeunesse a tant d'étourderie...

CHARMANT. — Vous m'avez prouvé le contraire.

CENDRILLON. — Toujours des complimens ?

CHARMANT. — Toujours des vérités. D'ailleurs on a tout fait pour me rendre prudent.

AIR : *De votre bonté généreuse.*

Afin de mûrir ma jeunesse,
On a pris un moyen nouveau ;
« Votre cœur, m'a-t-on dit sans cesse,
» Doit suivre le don de l'anneau, »
Craignant l'empire d'une femme
Nuit et jour j'ai veillé sur lui ;
Mais je gagnerais trop, madame,
Si je le perdais aujourd'hui.

CENDRILLON, *à part.* — Je crois que sans un grand effort il finira par me l'offrir.

CHARMANT, *à part.* — On n'est pas plus intéressant que cette charmante beauté.

CENDRILLON. — Seigneur, écoutez donc : le son des instrumens arrive jusqu'à nous.

CHARMANT. — C'est le signal de mon bonheur !

(*Les vitraux placés dans l'intérieur des colonnes sont retirés, et l'on aperçoit une immense galerie ornée de lustres et de fleurs : une colonne de marbre surmontée d'une corbeille de fleurs au milieu du théâtre.*)

SCÈNE XV.

Les Précédens, CORISANDE, LA TRUF-
FARDIERE, BAMBINI, FLORESTAN,
DOROTHÉE, THÉOLINDE, ASPASIE,
TOURNESOL, TREMBLINO, BIL-
BOQUET, Chevaliers, Dames de
la Cour.

CENDRILLON. — Oh! comme c'est brillant !

Air de M. Lautz.

CHOEUR.

Qu'aujourd'hui nos chants d'allégresse
Fassent retentir ce séjour.
Quand le prince au peuple s'adresse,
Il répond par des cris d'amour.

CORISANDE, présentant au prince Théolinde et Bambini.

L'avenir d'un fils qui m'écoute,
Grace à l'hymen va s'embellir !
C'est une rose que j'ajoute
Aux lauriers qu'il pourra cueillir.

CHARMANT, à Florestan.

J'ai perdu mon indifférence.

FLORESTAN.

L'étrangère a su te charmer.

BILBOQUET, à Cendrillon.

D'où peut naître votre silence ?
Le prince a-t-il su vous charmer ?

LA TRUFFARDIÈRE, au prince Charmant.

Approuvez la triple alliance
Que ma famille va former.

TOURNESOL, DOROTHÉE, BAMBINI, THÉOLINDE, TREMBLINO,
ASPASIE.

Approuvez l'heureuse alliance
Qu'en ce jour nous allons former.

CHARMANT.

J'approuve l'heureuse alliance
Que vous allez former.

CENDRILLON, à la Truffardière en ôtant ses bijoux.

Souffrez qu'à chaque fiancée
Ma main présente ces bijoux :
Vivre un seul jour dans leur pensée
Sera pour moi d'un prix bien doux.

TOUT LE MONDE, excepté Corisande.

Dans son maintien qu'elle a de grace,
De naturel et d'enjoûment !

LA TRUFFARDIÈRE, à Cendrillon.

Sur mon cœur venez prendre place
Aimable et généreuse enfant !

BILBOQUET.

C'est l'étrangère qu'il embrasse !
Et ce n'est pas sa pauvre enfant.

CORISANDE, à part.

Mais quelle est donc cette étrangère ?
Sa présence glace mon cœur.

TOUS, à Cendrillon.

A tous ici, vous savez plaire.
Vous voir fait naître le bonheur.

CORISANDE, à part.

Sa vue allume ma fureur.

CENDRILLON.

Par ses talens savoir vous plaire,
Pour l'étrangère est un bonheur.

CHARMANT et FLORESTAN.

Quand tout ici vous rend les armes.

CHOEUR.

Quand tout ici vous rend les armes.

CHARMANT et FLORESTAN.

Un combat serait inégal.

CHOEUR.

Un combat serait inégal.

CHARMANT et FLORESTAN.

Par votre esprit et par vos charmes,
Vous serez la reine du bal.

(Charmant donne la main à Cendrillon et la fait asseoir
à ses côtés. — Corisande, La Truffardière et les six
fiancés prennent place sur une estrade.)

BALLET.

CHARMANT, à Cendrillon. — Maintenant,
je réclame votre promesse.

CENDRILLON, prenant un tambourin. —
Ecoutez d'abord ma chanson, et nous danse-
rons le refrain.

BILBOQUET, bas à Cendrillon. — L'heure
de partir est venue.

CENDRILLON. — Encore quelques minutes.
(A part.) Et la bague m'appartiendra.

Air de M. Lautz.

Souverains, la couronne
Que votre front soutient,
Le ciel ne vous la donne
Que pour faire du bien.

Allez sous le chaume du pauvre, apprenez
ses besoins, soulagez-le toujours : sa reconnaissance sera d'autant plus vive que sa mi-
sère était plus profonde.

Pour le rendre au bonheur,
Consultez votre cœur.

TOUS.

Pour le rendre au bonheur,
Consultez votre cœur.

(On danse.)

CENDRILLON.

Aimer, c'est l'espérance
De la félicité ;
Et c'est par la constance
Qu'on fixe une beauté.

(Elle est fière de voir à ses pieds celui que
son ame préfère, et lui dit en riant : « Êtes-
vous bien certain que seule je sais vous plaire?
prenez garde de vous tromper.)

Pour trouver le bonheur
Consultez votre cœur.

TOUS.

Pour trouver le bonheur
Consultez votre cœur.

(On danse.)

CHARMANT, tombant aux pieds de Cendrillon.
— Ah! c'est à vous, qu'il doit appartenir ! (Il
lui donne son anneau.)

BILBOQUET, bas à Cendrillon. — Minuit !

CENDRILLON. — Partons. (Elle sort en cou-
rant, un de ses souliers reste sur la scène.)

CHARMANT. — Grands-Dieux ! elle m'é-
chappe !

FLORESTAN, ramassant la pantoufle. — Sa
pantoufle nous reste.

CHARMANT. — Donne-la moi, cher Florestan. (Il la prend.)

(Le tonnerre gronde. — La colonne se brise. —
Un Génie paraît sur ses débris.)

LE GÉNIE. — Prince Charmant, cette pantoufle a le pouvoir de te conduire jusqu'au séjour de ta belle inconnue.

CHARMANT. — Ah! partons à l'instant. (*Il sort avec Florestan.*)

LE GÉNIE. — Corisande? le prince a perdu son anneau, et si tu ne parviens à le trouver, avant l'époque où ton neveu aura offert son cœur et sa couronne, tu ne règneras plus.

CORISANDE. — Je perdrais la puissance?

(*A la Truffardière.*) Chevalier? c'est sur vous que retombera ma colère.

LA TRUFFARDIERE. — Sur moi, princesse? mais daignez...

CORISANDE. — C'est par vous, par votre fafamille, que mon avenir est détruit. Plus d'hymen, plus de fête; je romps tous les liens qui devaient unir nos enfans; et si l'anneau ne m'est rendu, baron, malheur à vous!

TABLEAU GÉNÉRAL.

TROISIÈME JOURNÉE.

Le théâtre représente le salon gothique de la première journée. — Au lever du rideau, Cendrillon et Bilboquet, habillés comme ils l'étaient aux premières scènes, sont assis, l'un à côté de la cheminée, l'autre près de la table. Tous deux sont endormis.

SCÈNE PREMIÈRE.

CENDRILLON, BILBOQUET.

BILBOQUET, *rêvant*. — Cendrillon?

CENDRILLON, *de même*. — Bilboquet?

BILBOQUET, *de même*. — Voilà l'horloge qui carillonne; il est temps de partir.

CENDRILLON, *de même*. — Oui, l'enchanteur nous l'a recommandé, partons. (*Elle se réveille et regarde.*) Ah! mon Dieu!

BILBOQUET, *se réveillant*. — Qu'y-a-t-il? (*Il se frotte les yeux.*) Aurais-je la berlue?

CENDRILLON. — Nous sommes chez papa, et je porte ma vieille robe!

BILBOQUET, *se tâtant*. — Me voilà redevenu vilain comme autrefois!

CENDRILLON, *à Bilboquet*. — Mon ami?

BILBOQUET. — Ma bonne maîtresse?

CENDRILLON. — Est-ce que j'ai passé la nuit auprès du feu?

BILBOQUET. — N'avons-nous pas été au bal?

CENDRILLON, *à elle-même*. — Et ce jeune prince? l'anneau? (*Elle regarde sa main.*) Le voilà! ce n'est point un songe.

BILBOQUET. — Et ce banquet superbe! ce vin délicieux qui m'échauffe encore l'estomac, je n'ai pu le boire en dormant.

SCÈNE II.

LES PRÉCÉDENS, MÉLIDOR, *en vieillard mendiant, comme à la première entrée*.

MÉLIDOR, *sortant de la chambre à gauche du spectateur*. — Pardonnez, ma charmante bienfaitrice, si la nuit tout entière, je suis resté chez vous, mais la fatigue m'accablait, et le sommeil....

BILBOQUET. — Eh bien! notre bon pauvre n'est plus un enchanteur?

MÉLIDOR. — Un enchanteur? moi, mes amis?

BILBOQUET. — N'vous fâchez pas l'ancien, car c'était un brave homme, qui parlait comme un livre.

CENDRILLON. — Nous menait à la danse, et me donnait de beaux habits.

MÉLIDOR. — Vous avez donc dansé?

CENDRILLON. — Jusqu'au coup de minuit.

MÉLIDOR. — En quel lieu?

CENDRILLON. — Chez le prince.

MÉLIDOR, *souriant*. — Rien n'engage plus au repos que le souvenir d'une bonne action, et je vois que tous deux vous avez bien dormi.

BILBOQUET. — Vous croyez donc que nous avons rêvé?

MÉLIDOR. — J'en suis certain.

CENDRILLON. — Je commence à le craindre, et cela me fait du chagrin. J'étais mise comme une reine.

BILBOQUET. — Et moi donc? il fallait me voir.

AIR *de la Mauvaise Langue.*
De l'Amour, j'étais le portrait!
Pour mieux voir j'avais deux fenêtres!
Pour me rendre l' plus beau des êtres
  Quand mon dos s' rabottait
  Ma jambe se r'dressait.
Ah! quel rêve (3 *fois*) j'ai fait!   (*bis.*)
  Ah! quel rêve j'ai fait!

J' paraissais un grand personnage;
Dans ma parure on se mirait;
Et pour m'embellir davantage,
Sur mon front panache flottait.
Comme c'était jour de noces,
Je pris ma part du gala,
Et me fis d' fameuses bosses
Plus d' mon goût qu' celle qu' j'ai là.

Et puis, on m'adressait des politesses, des invitations à ne jamais finir, « Chevalier, » venez près de moi; bel étranger je vous at- » tends. » Il n'y a pas jusqu'à la vieille Dorothée dont mon galant physique attendrissait son cœur, et qui m'proposait le conjungo. Il est vrai que j'étais magnifique, et si je l'avais pu, je me serais embrassé moi-même, tant je me semblais gentil.

Car d' l'amour j'étais le portrait,
J' voyais l' jour avec deux fenêtres;

Pour me rendre l' plus beau des êtres,
  Quand mon dos s' rabottait,
   Ma jambe se r'dressait !
Ah ! quel rêve (3 *fois*) j'ai fait !   (*bis.*)
  Ah! quel rêve j'ai fait !

CENDRILLON, *tristement*. — Ces superbes bijoux que j'avais remis à mes sœurs ; ce baiser, le premier que m'ait donné mon père ; le prince, cet anneau ? rien de cela ne serait véritable ?

MÉLIDOR. — C'est souvent par des songes que le Ciel manifeste ses immuables volontés ; espérez, mes enfans.

BILBOQUET. — S'il faisait de moi quelque chose, ça m'irait comme un gant, et je chanterais jour et nuit.

CENDRILLON. — J'aurais tant de plaisir à voir papa m'aimer un peu !

MÉLIDOR. — Vous aurez un jour sa tendresse, tout m'en donne l'assurance.

BILBOQUET. — Oui, quand les moutons feront la chasse aux loups ; ou que les mensonges débités souvent par le maître deviendront des réalités.

MÉLIDOR. — Il faut cela pour vous convaincre ?

BILBOQUET. — Absolument.

MÉLIDOR. — Eh bien, vous le verrez.

BILBOQUET. — Quel an, quel mois, quel jour ?

MÉLIDOR. — Aujourd'hui ?

BILBOQUET. — Aujourd'hui ? Vous vous moquez de nous.

MÉLIDOR. — Rien n'est impossible au destin. (*A part.*) Et dès ce soir, ils pourront en juger.

Air *des Amans sans amours.*
De Dieu, l'éclatante justice
S'étend sur ce vaste univers ;
Sur les vertus et sur le vice
Il a toujours les yeux ouverts ;
Et dans sa mission sublime
Chaque jour nous voyons son bras
Soutenir l'enfant qu'on opprime,
Et punir les enfans ingrats.

CENDRILLON. — Le soleil est levé, et si mes parens revenaient, ils gronderaient si tout n'était en ordre ; je vais faire leurs chambres. Bilboquet, cueille quelques fruits pour donner à ce bon vieillard.

BILBOQUET. — J'y cours. (*A Mélidor.*) Vous m'attendrez, n'est-ce pas mon brave homme ? (*A Cendrillon.*) Tenez, ma jeune maîtresse, depuis le moment où ce pauvre est entré dans la maison, nous battons tous deux la berloque, et j'crois qu' nous sommes ensorcelés. (*Il sort par le fond, et Cendrillon entre à droite du spectateur.*)

SCÈNE III.

MÉLIDOR *seul*,

Les hommages dont cette nuit elle a été l'objet n'ont pas changé son heureux caractère, Cendrillon est toujours la même, et bientôt le sort le plus brillant récompensera ses vertus. Mais le prince Charmant tarde bien à suivre les traces de sa fugitive ? Maintenant que la perte de son anneau me permet de le voir, j'éprouve une impatience !.. On vient de ce côté. (*Il regarde à la porte de gauche, faisant suite à la cheminée.*) C'est lui ! avant de nous montrer, écoutons et jugeons. (*Il se cache derrière le grand fauteuil.*)

SCÈNE IV.

MÉLIDOR *caché*, CHARMANT, FLORESTAN.

CHARMANT. — Un vieux château ! une salle déserte ! est-ce ici qu'elle habite ?

FLORESTAN. — Consulte ton oracle, et vas à ces vieux murs, ta pantoufle à la main, demander une belle, comme Diogène autrefois le bras armé d'une lanterne allait partout chercher un homme.

Air *de Léonce.*
De longs sentiers suivant le cours
Pour trouver ta belle étrangère,
Nous venons en troupe légère
Comme au bon temps des troubadours
Parlementer chez les amours.
Et pour affermir ton courage
Ou te guider vers la beauté,
Le destin de moi fait un page
Et te donne en ami fort sage
Cette pantoufle et ma gaîté
Pour tes compagnons de voyage.

CHARMANT. — Tu plaisantes, cher Florestan, quand mon ame est en proie à la plus vive inquiétude.

FLORESTAN. — Cela se passera.

CHARMANT. — Jamais.

FLORESTAN. — Dans un instant.

CHARMANT. — N'ai-je pas vu s'échapper le bonheur, alors que pensant le tenir, je formais les projets les plus délicieux ?

FLORESTAN. — Ils seront remplacés par d'autres.

CHARMANT. — La chose est impossible, et ma tante avait raison de dire : « Prince, ma» riez-vous. Ce n'est que dans l'hymen qu'on » trouve la félicité.»

FLORESTAN. — C'est pour cette raison sans doute, qu'usant pour la première fois du souverain pouvoir, tu as ordonné à ton gouverneur et au chevalier Tremblino, de conclure les mariages que Corisande avait rompus ?

CHARMANT. — Il n'est jamais permis de se jouer de l'honneur d'une femme ; et si le sort place haut certains hommes, il doit les obliger à tenir leurs sermens.

MÉLIDOR, *à part*. — Bien ! très bien ! de pareils sentimens doivent toujours guider les princes.

CHARMANT. — Mon entretien avec cette jeune inconnue, a changé toutes mes idées ; la sagesse de ses discours m'a fait connaître des devoirs qu'il me sera doux de remplir.

FLORESTAN. — Tu seras le phœnix des rois.

Air des Comédiens.

Sur le sommet quand le sort nous appelle,
Il faut du peuple affermissant l'espoir,
A sa parole être toujours fidèle,
Et ne jamais abuser du pouvoir.
Porter partout l'ordre et l'économie,
Chérir la paix, source du vrai bonheur!
Aux malheureux tendre une main amie
Sont des devoirs que dictera mon cœur.
De mes sujets, moins souverain que père,
Pour eux souvent porter le poids du jour;
Leur préparer un avenir prospère,
C'est un devoir que prescrit leur amour.
Près d'une dame aussi galant que tendre
Fixer pour elle un inconstant désir,
Preux chevalier, à ses ordres me rendre,
C'est un devoir qu'inspire le plaisir.
Sur une faute appeler la clémence
Qui de nos lois tempère la rigueur,
Du crime seul éloigner l'indulgence
C'est un devoir que m'impose l'honneur.
Au repentir avoir l'âme accessible
C'est un devoir né de l'humanité;
Aux pleurs d'autrui n'être pas insensible
C'est un devoir, fils de la charité!
Guerrier vaillant, et prince populaire,
Je serai bon, juste, sage et discret!
Imitez-moi, monarques de la terre,
Pour être aimé voilà tout le secret!

MÉLIDOR, *à part.* — Ah! qu'il mérite bien qu'on s'intéresse à lui, et qu'on veille sur son bonheur?

FLORESTAN, *examinant le château.* — Décidément, cet antique château est un profond désert où la belle n'habite pas.

CHARMANT. — Le destin nous y a conduits, et c'est ici que je dois la trouver.

FLORESTAN. — Tu crois?

CHARMANT. — Assurément.

FLORESTAN. — Continuons donc nos recherches; et si je rencontre jamais la dame de tes pensées, je poserai la main dessus, en criant: Charmant! la voilà! (*En parlant ainsi Florestan et Charmant regardent de tous côtés. Au mot* LA VOILA! *Florestan aperçoit Mélidor et le saisit.*)

CHARMANT, *se retournant.* — Tu l'as aperçue?

FLORESTAN., *montrant Mélidor.* — Tiens regarde. Ce vieillard lui ressemble-t-il?

CHARMANT, *à Mélidor.* — Mon ami, quel est ce château? qui l'habite? Connais-tu cet aimable enfant qui règne sur mon ame? quel est son nom, son rang? Ah! réponds, réponds vite. Chaque minute de silence est un supplice pour mon cœur.

FLORESTAN. — Comment veux-tu qu'il te réponde, si tu l'interroges toujours?

CHARMANT. — Mais il faut...

FLORESTAN, *l'interrompant.* — Laisse-moi la parole; l'amour est trop bavard. (*A Mélidor.*) Tu entends ce que l'on désire; que nous répondras-tu?

MÉLIDOR. — Ce château appartient au vieux baron de La Truffardière.

CHARMANT, *à Florestan.* — Qui revient tristement accompagné de sa famille; car il ignore

encore les ordres que j'ai donnés à deux des prétendus. (*A Mélidor.*) Ensuite?

MÉLIDOR. — Trois filles, une sœur, un serviteur unique, y font leur résidence.

CHARMANT. — Trois filles? je n'en connais que deux.

MÉLIDOR. — La dernière, charmante et pleine de vertus, mais dédaignée de sa famille, réduite à la servir, privée des plaisirs de son âge, chérit ses parens, fait le bien, prie le Ciel, et mérite un sort plus heureux.

CHARMANT. — Son père l'aurait-il emmenée à la cour?

MÉLIDOR. — Non, seigneur, et pourtant...

CHARMANT. — Ce n'est pas encore elle.

MÉLIDOR. — Mais si vous m'écoutiez...

CHARMANT. — Assez, bonhomme, assez. Un enfant qu'on dédaigne, qu'on emploie à servir, n'a jamais ressemblé à cette adorable inconnue dont la fuite me fait gémir; mais je la trouverai, et si quelqu'un me la dispute, je croiserai le fer.

FLORESTAN. — C'est ça, faisons la guerre.

CHARMANT. — Rien ne m'arrêtera. Quoique jeune, j'ai du courage, et les plus vieilles barbes ne pourront m'effrayer.

FLORESTAN. — Que parles-tu de barbe? c'est pour nous le fruit défendu; si pourtant Dieu nous prête vie, nous en aurons bientôt.

Air : Tout ça passe.

Lorsqu'on aime les combats
Et qu'un tendron nous attache,
Mon cher on ne tarde pas
A porter barbe et moustache.
Car si l'on en croit l'histoire
Des guerriers et des amans,
L'amour, la barbe et la gloire
Tout ça pousse (3 *fois*) en même temps.

MÉLIDOR. — Si vous désirez que j'appelle la jeune Cendrillon, elle pourra vous dire...

FLORESTAN. — Cendrillon?

MÉLIDOR. — C'est le nom de la troisième fille, si bonne, si aimable!

CHARMANT. — Et que m'apprendrait-elle?

MÉLIDOR. — A prendre le temps comme il est, la flatterie pour un mensonge, et les hommes pour ce qu'ils sont. Elle vous apprendrait qu'il faut s'habituer de bonne heure à la résignation (*mouvement d'humeur de Charmant*), à la patience surtout, qualité dont on parle sans cesse, et dont on manque très souvent.

FLORESTAN. — Il parle absolument comme ton gouverneur.

CHARMANT, *à Mélidor.* — Je n'ai pas besoin de leçons.

MÉLIDOR. — Monseigneur ne veut donc plus m'entendre?

CHARMANT. — Et ce maudit génie, me jurer que cette pantoufle me conduira près de mon étrangère, et me mener chez qui? chez une Cendrillon! Eloignons-nous, cher Florestan.

MÉLIDOR. — Quoi! sans avoir vu la petite?

CHARMANT, *sans l'écouter*. — Le destin s'est joué de moi; mais je suis homme à prendre ma revanche, et j'adresse un éternel adieu à ces murailles solitaires, à ce prodige que tu vantes, et à toi, vieux railleur, qui fais ton important et parles par sentences. Ce château et ceux qui l'habitent ne me reverront plus.

MÉLIDOR, *à part*. — Tu y reviendras malgré toi.

CHARMANT, *à Florestan*. — Allons, mon ami, du courage : recommençons nos courses.

FLORESTAN. — Cherche, et tu trouveras, dit un ancien proverbe.

CHARMANT. — Eh bien! soit; cherchons et trouvons.

(Charmant et Florestan se retirent par la porte qui leur a servi d'entrée.)

SCÈNE V.

MÉLIDOR, *seul*.

Si la tête est un peu légère, le cœur est élevé; quelques années de plus et de sages conseils en feront un prince accompli... Mais j'entends le baron et sa famille désolée; retirons-nous, et rendons le vieux chevalier véridique sans le savoir.

(Il entre dans la chambre placée à gauche de la porte d'entrée.)

SCÈNE VI.

LA TRUFFARDIÈRE, DOROTHÉE, THÉO-LINDE, ASPASIE, BILBOQUET, en-*suite* CENDRILLON.

Air *des Rigueurs du cloître*.

LA TRUFFARDIÈRE.

Ah! quel affront pour ma famille!
Pour mon blason quel déshonneur!

DOROTHÉE.

Suis-je réduite à mourir fille
Lorsque l'hymen plaît à mon cœur?

THÉOLINDE, ASPASIE.

Qu'il est cruel pour une fille
De voir rompre un hymen flatteur!

TOUS LES QUATRE.

Rompre ces nœuds pour ma famille
Est un affront, un déshonneur!

BILBOQUET, *à part*. — Il paraît que l'on ne rit plus. Où s'est donc retiré le pauvre?

LA TRUFFARDIÈRE. — Me traiter ainsi qu'un vassal, moi, noble par les miens, au moment du déluge!

BILBOQUET, *à part*. — Croyez ça et buvez de l'eau.

DOROTHÉE. — M'enlever mon cher gouverneur!

ASPASIE. — Mon chevalier!

THÉOLINDE. — Mon prince!

DOROTHÉE. — Mes yeux en deviennent fontaines, et seront bientôt si petits qu'on ne les verra plus.

LA TRUFFARDIÈRE. — Nous élever au faîte des grandeurs, et nous jeter sur le pavé pour rendre la chute plus lourde!

DOROTHÉE. — M'exposer, moi, noble demoiselle, à l'insolence de ces courtisans satiriques, rieurs brevetés du palais!

ASPASIE. — Ils nous suivaient de leurs regards moqueurs.

THÉOLINDE. — Nous accablaient de cruels persifflages.

DOROTHÉE. — La vieille, disait l'un, deviendra centenaire plutôt que tendre épouse.

BILBOQUET, *à part*. — C'est dur à digérer.

THÉOLINDE. — Les jeunes attendront longtemps qu'on soupire sous leurs fenêtres : *femme sensible*, ou *je suis Lindor*, s'écriait un autre en croyant faire de l'esprit.

ASPASIE. — Comme c'est aimable à entendre!

LA TRUFFARDIÈRE. — Le père, ajoutait un troisième, est un véritable Malbrouck.

BILBOQUET, *à part*. — Bien tapé le compliment.

LA TRUFFARDIÈRE. — Enfin, accompagnés par des rires plus qu'indécens, honteux comme un barbet dont on a coupé les oreilles, nous voilà revenus sous le toit de nos pères, gémissant d'un affront fait à ma noble race, et me promettant bien de punir les railleurs.

AIR : *Je loge au quatrième étage*.

Si le rhumatisme et la goutte
Ne paralisaient ma valeur,
Mon bras, sachant coûte que coûte,
Corriger la caustique humeur
De ces chevaliers sans pudeur;
Nous verrions dans l'abîme horrible
Que je creuserais sous leurs pas,
S'ils chanteraient femme sensible!
Sur l'air : Malbrouck ne revient pas.

BILBOQUET, *à part*. — C'est singulier! plus ils sont tristes, et plus je deviens gai.

CENDRILLON, *accourant*. — Vous voilà de retour? Eh bien était-ce beau?

THÉOLINDE, *froidement*. — Superbe.

CENDRILLON. — Si vous vous trouvez fatigués, vos appartemens sont tout prêts.

LA TRUFFARDIÈRE. — Merci, ma chère enfant.

CENDRILLON, *à Bilboquet*. — Bilboquet? il a dit mon enfant! Ah! comme ce mot fait du bien!

BILBOQUET. — Pourvu que cela dure.

LA TRUFFARDIÈRE. — Et cette fière Corisande, son pouvoir tombera; un génie le lui a prédit, et ses malheurs feront ma joie.

CENDRILLON, *montrant sa tante et ses sœurs*. — Tiens Bilboquet, regarde. Elles ont les bijoux qu'en rêve j'ai cru leur donner.

BILBOQUET. — Je vous l'ai déjà dit. Le diable nous a joué quelque tour.

CENDRILLON. — Et notre pauvre?

BILBOQUET. — Il l'a escamoté, et peut-être

qu'en ce moment, on l'a déjà mis dans une chaudière omnibus.

DOROTHÉE, *regardant à la porte du fond.* — Mes nièces, mon cher frère? Venez, venez donc voir. Au milieu d'un nuage de poussière, j'aperçois deux de nos futurs sautant à bas de leurs coursiers. Ils s'avancent vers nous.

ASPASIE. — Est-ce mon chevalier?

THÉOLINDE. — Mon prince?

DOROTHÉE. — J'ai vu mon gouverneur, voilà l'essentiel; pauvre ami! je l'avais subjugué; il vient à deux genoux redemander ses chaînes. Ah! comme on est heureuse d'inspirer un doux sentiment.

LA TRUFFARDIÈRE. — Sur trois, en voilà deux! c'est toujours quelque chose, mais ce n'est point assez, et si le dernier ne vient pas...

BILBOQUET, *à part.* — Il restera chez lui.

CENDRILLON, *de la porte.* — Les voilà, les voilà!

THÉOLINDE, *à Aspasie.* — Je tremble!

ASPASIE. — Moi de même.

DOROTHÉE. — Et moi, je ne crains rien. Alors qu'on me ressemble on fait reculer bien des hommes, mais jamais on n'a peur.

SCÈNE VII.

LES PRÉCÉDENS, TOURNESOL, TREMBLINO.

LA TRUFFARDIÈRE. — Je m'attendais à vous revoir, seigneurs, car l'offense faite à ma famille....

TOURNESOL. — Ne venait pas de moi.

TREMBLINO. — Ni de moi.

LA TRUFFARDIÈRE. — J'accepte vos excuses.

DOROTHÉE, *à Tournesol.* — Je savais bien que vous brûliez pour moi.

BILBOQUET, *à part.* — Oui, comme un vieux tison, qui fume et rien de plus.

LA TRUFFARDIÈRE. — Mais un de nos époux manque encore à l'appel.

THÉOLINDE, *tristement.* — Je m'en aperçois bien.

TOURNESOL. — Pardonnez-lui, baron, sa mère Corisande...

LA TRUFFARDIÈRE. — Eh! que m'importe sa famille? j'irai me plaindre au jeune souverain.

TOURNESOL. — Il est devenu fou...

CENDRILLON, *vivement.* — Comment le souverain? il est fou?

TOURNESOL, *continuant sa phrase.* — D'une jeune beauté, inconnue à la cour, et dont il n'a que la pantoufle.

CENDRILLON. — C'est moi!

LA TRUFFARDIÈRE. — Cendrillon? qu'est-ce à dire?

CENDRILLON. — Oui... j'ai ramassé... celle-

ci. (*Elle tire de sa poche une pantoufle verte.*) Au milieu du jardin... Et nous pensions, n'est-ce pas Bilboquet?

BILBOQUET, *à Cendrillon.* — Tout ce que voudrez. (*Haut.*) Oui, seigneur je croyais aussi... (*A part.*) A qui diable en a-t-elle?

DOROTHÉE, *à Tournesol.* — Si vous saviez, modèle des amans, combien je suis heureuse de vous voir près de moi! dites, oh! dites-moi bien que vous ne me quitterez plus.

LA TRUFFARDIÈRE. — Ma sœur, de la prudence.

DOROTHÉE. — Je lui plais, il m'est cher!

BILBOQUET, *à part.* — Aux incurables tous les deux.

THÉOLINDE. — Et moi, me voilà délaissée.

ASPASIE. — Il te fallait un prince! et lorsque l'on veut trop, on n'a rien.

DOROTHÉE. — Vous verrez à quel point une femme sensible rend heureux son époux! vos jours s'écouleront à m'aimer, à me plaire, le reste me regardera.

AIR du Vaudeville de l'Apothicaire.

Si je vous épouse lundi,
Mardi je serai souveraine;
Je commanderai mercredi,
Et pour achever la semaine
De jeudi jusqu'à vendredi
Vous me donnerez carte blanche,
Et m'obéirez samedi,
Prêt à recommencer dimanche.

LA TRUFFARDIÈRE. — Chevalier Tremblino, en vous prenant pour gendre, je vous donne le droit de venger mon honneur : voyez, menacez, combattez le prince Bambini; qu'il meure ou qu'il épouse, voilà mon dernier mot.

TREMBLINO. — Mais, seigneur, si vos hommes d'armes voulaient bien se charger de cette mission?

LA TRUFFARDIÈRE. — Ils attendent mes ordres, et sont prêts à marcher : on les passe en revue.

SCÈNE VIII.

LES PRÉCÉDENS, MÉLIDOR, *en page. (La porte à droite de l'entrée principale s'ouvre tout-à-coup. On aperçoit des cavaliers rangés en ordre de bataille.)*

MÉLIDOR, *s'avançant.* — L'inspection est terminée, seigneur, et vos quatre-vingts cavaliers réclament l'honneur d'aller mourir pour vous.

LA TRUFFARDIÈRE, *étonné.* — Hein? quoi? qu'avez-vous dit?

BILBOQUET, *à Cendrillon.* — De quel trou sort donc celui-là?

MÉLIDOR. — J'ai l'honneur de vous répéter, que sensibles comme ils le doivent, à l'injure qu'on vous a faite, vos très dévoués hommes d'armes ne respirent que le combat.

LA TRUFFARDIÈRE. — C'est bien aimable à

eux. (*A sa famille.*) Je n'en connais pas un. (*Il regarde les cavaliers.*) Ils sont parbleu superbes! (*A Mélidor.*) Et ces gaillards-là sont à moi?

MÉLIDOR. — A vous, mon noble maître, ainsi que votre serviteur.

LA TRUFFARDIÈRE. — Son noble maître! Il s'exprime fort bien. (*A Dorothée.*) C'est dommage que le cerveau soit dérangé.

DOROTHÉE. — Je le crains comme vous.

LA TRUFFARDIÈRE, *à part.* — C'est égal, ne reculons pas. (*Haut.*) Je les remercie de leur zèle, tandis que je mets à la porte tous les autres valets, maître d'hôtel et cuisiniers; j'avais ordonné pour mes gardes un somptueux festin, et rien n'est préparé.

MÉLIDOR. — Il vous attend, seigneur. (*La porte de la chambre occupée par Cendrillon, disparaît à l'instant, on voit une table richement servie; des pages sont derrière.*)

LA TRUFFARDIÈRE. — Pas possible? (*Il voit la table.*) C'est ma foi vrai! Et des truffes partout?

DOROTHÉE, *la voyant aussi.* — Ah! grands dieux.

MÉLIDOR. — Vous voyez qu'on a rien oublié?

LA TRUFFARDIÈRE — Mais la dot de mes filles et celle de ma sœur j'avais dit qu'on les apportât.

MÉLIDOR. — Elles sont devant vous. (*Le buffet se transforme en table de marbre, supportant des corbeilles pleines de pierreries.*)

LA TRUFFARDÈRE. — Il dit encore la vérité! (*A part.*) Pour le coup j'ai la fièvre chaude, ou je suis mort sans m'en douter. (*A Bilboquet.*) Mon garçon, qu'en dis-tu? sommes-nous ou ne sommes-nous pas?

BILBOQUET, *à La Truffardière.* — Tous les lutins de l'autre monde se donnent ici rendez-vous.

MÉLIDOR, *bas à Bilboquet.* — Non, mais le pauvre tient parole. Espère et tais-toi, je le veux.

BILBOQUET, *à Mélidor.* — Ça suffit.

TREMBLINO, *à Tournesol.* — Notre vieux châtelain fait franchement les choses.

TOURNESOL. — Seigneur, tant de richesses, ne valent pas ces précieux trésors que vous accordez à nos vœux.

DOROTHÉE. — Aimable compliment! que nous méritons bien.

LA TRUFFARDIÈRE. — Allons, c'est décidé, j'ai quelque cauchemar. (*A Mélidor.*) Mon jeune page, un mot. Ma tête est un peu dure: quels sont ces cavaliers?

MÉLIDOR. — Vos fidèles vassaux.

LA TRUFFARDIÈRE. — Cette table?

MÉLIDOR. — La vôtre.

LA TRUFFARDIÈRE. — Cet or, ces pierreries!

MÉLIDOR. — Le produit de vos biens, de vos truffes. Que sais-je?

LA TRUFFARDIÈRE, *à lui-même.* — Oui, mes truffes, mes biens!.. Je dors, je dors, c'est sûr. Bilboquet?

BILBOQUET. — Monseigneur?

LA TRUFFARDIÈRE. — Mords-moi l'oreille gauche; mais, là, sans hésiter, fortement.

BILBOQUET. — M'y voici. (*Il lui mord l'oreille.*)

LA TRUFFARDIÈRE. — Ahie! ahie! (*à part.*) Oh! par ma foi, je suis bien éveillé, et puisque l'on me dit qu'ici tout m'appartient, profitons-en sans plus attendre. (*Haut.*) Seigneurs, prenez vos places au banquet nuptial. Cendrillon, suivez-nous.

CENDRILLON, *à Bilboquet.* — Je ne sais où j'en suis.

BILBOQUET, *à Cendrillon.* — Vous serez princesse, et moi bel homme. Faut toujours espérer. (*Tout le monde excepté Théolinde se rend dans la salle du festin. Les portes du fond se referment.*)

SCÈNE IX.

THÉOLINDE, *seule.*

Ma sœur, ma tante, ont trouvé des époux, et moi, confuse, humiliée… Ah?. mon sort est affreux.

AIR *de M. Lauts.*

Ils vont s'unir! et l'espérance
N'embellit plus mon avenir!
Verrai-je hélas dans la souffrance
Tous mes beaux jours naître et finir?
Pour mon époux, toujours constante
J'aurais de fleurs semé ses pas;
Car si la fortune est changeante
Mon ame ne le serait pas!
Non, non, non, non, non, non, ne le serait pas!
Mais je gémis, et l'espérance
N'embellit plus mon avenir!
Et je vais voir dans la souffrance
Mes plus beaux jours naître et finir.
De l'hymen, la chaine éternelle
Me promettait plaisirs charmans,
Et le sort transforme en tourmens
Le bonheur qu'envain je rappelle!
Qu'envain je rappelle!
Car je suis seule, et l'espérance
N'embellit plus mon avenir!
Et mes beaux jours dans la souffrance
Vont tour-à-tour naître et mourir.

CENDRILLON, *accourant.* — Console-toi, ma sœur; mes yeux l'ont reconnu! Il arrive, il est là.

THÉOLINDE. — Eh! qui donc?

CENDRILLON. — Ton prince, ton futur. Tu ne pleureras plus, et tu me chériras un peu, n'est-ce pas, Théolinde?

THÉOLINDE. — Et notre père l'a-t-il vu?

CENDRILLON. — Ebloui des richesses qui lui pleuvent de tous côtés, étonné des hommages dont il se voit l'objet, il rit, vide son verre et ne s'occupe que de lui. Tiens, tiens, voici le prince!

THÉOLINDE. — Je ne saurais que dire en sa présence, et je vais… (*Elle veut se retirer.*)

CENDRILLON. — Voyez-vous comme elle est peureuse ! Enfant ! vas, tu es bien heureuse que je sois plus brave que toi.

THÉOLINDE. — Mais, ma sœur...

CENDRILLON, *l'imitant.* — Mais ma sœur...? Allons, retire-toi, tu ferais quelque gaucherie. Je vais recevoir ton vainqueur, et je te l'enverrai.

THÉOLINDE. — Je me fie à ton zèle.

CENDRILLON. — Et tu fais bien. Adieu. (*Théolinde entre dans l'appartement de droite.*)

SCÈNE X.

CENDRILLON, LE PRINCE BAMBINI.

BAMBINI. — Bon gré, malgré, il m'a fallu franchir les portes de ce vieux manoir, où le diable fait résidence. Suivons de point en point les ordres de ma mère, et tâchons d'avoir de l'esprit.

CENDRILLON, *à part.* — Ce sera difficile.

BAMBINI. — Ah ! Ah ! je suis en compagnie. Tant mieux ; j'aurai plus de courage. (*Il regarde Cendrillon.*) Cette petite a l'air naïf ; si je l'interrogeais ?

CENDRILLON, *à part.* — Qu'a-t-il à parler bas ?

BAMBINI. — Chambrière, avancez. (*A part.*) Ce mot est bien trouvé ! chambrière ! Il dit assez, sans dire trop ; il prouve qu'on devine les qualités, l'emploi... (*Haut.*) Chambrière, savez-vous qui je suis ?

CENDRILLON. — Un grand prince.

BAMBINI, *à part.* — Mon air distingué fait toujours connaître mon rang. (*Haut.*) Votre œil est clair-voyant, chambrière.

CENDRILLON, *à part.* — Chambrière ! toujours ce nom ! il me prend pour une servante !

BAMBINI. — J'ai besoin de savoir bien des choses, et je viens vous prier...

CENDRILLON. — De vous conduire aux pieds de Théolinde ? Elle pense toujours à vous.

BAMBINI. — Je l'aurais parié ; elle a vu le physique ! Il ne s'agit ici de Théolinde, ni d'hymen.

CENDRILLON. — Quoi ! vous ne venez point pour épouser ?

BAMBINI. — Point de question, chambrière, Théolinde a des yeux, des dents, qui..., là, enfin... Mais s'il lui manque un bon mari, et je suis de l'étoffe dont on fait ces gens-là ; il faut à ma mère autre chose.

CENDRILLON. — Eh ! quoi donc ?

BAMBINI. — Ah ! voilà où je dois agir en diplomate.

CENDRILLON. — En diplo....

BAMBINI, *l'interrompant.* — Mate, mon enfant. Parler pour ne rien dire.

CENDRILLON. — C'est l'usage de monseigneur.

BAMBINI. — Chambrière, pas de propos, et répondez à ma phrase interrogative. Le baron de La Truffardière a-t-il trois filles ?

CENDRILLON. — Oui.

BAMBINI. — J'en avais conduit deux aux fêtes de la cour ; qu'a fait l'autre pendant ce temps ?

CENDRILLON. — Elle croit y avoir été.

BAMBINI. — Et son âge ?

CENDRILLON. — Elle est née en même temps que moi.

BAMBINI, *la regardant.* — Treize ans, ou à-peu-près : c'est ça, parfaitement, et l'on n'a point trompé Corisande.

CENDRILLON. — Mais, seigneur, Théolinde attend...

BAMBINI. — Un mari ? C'est possible, je ne l'empêche pas ; moi, je cherche un anneau.

CENDRILLON. — Un anneau ?

BAMBINI. — Vous avez parlé d'un anneau ? Vous a-t-elle montré celui qu'elle a reçu ?

CENDRILLON. — Qu'elle a reçu ?

BAMBINI. — Eh oui, la fille du baron : il me le faut sur l'heure, à l'instant, je le veux.

CENDRILLON. — L'anneau ?

BAMBINI. — Oui, cet anneau, talisman précieux, qui, s'il peut revenir dans les mains de ma mère, avant que mon cousin ait fait choix d'une épouse, lui donnera le sceptre.

CENDRILLON. — Prendre le bien des autres ? Fi, seigneur, c'est bien laid.

BAMBINI. — Déjà ma mère, profitant de l'absence de mon jeune parent, allé je ne sais où, s'est fait proclamer souveraine.

CENDRILLON, *à part.* — O ciel ! qu'ai-je entendu ?

BAMBINI. — Et s'il pouvait tomber entre nos mains, privé de son anneau, et sans être encore remarié, il serait perdu sans retour.

CENDRILLON, *à part.* — Ah ! mon Dieu !

BAMBINI. — Faites venir ici votre jeune maîtresse. Par promesse, ou par crainte, j'aurai l'anneau.

CENDRILLON. — Jamais.

BAMBINI. — J'ai dit que je voulais...

CENDRILLON. — Vous servir d'un enfant pour prendre un jeune prince aimable autant que bon ! mais cet enfant a du courage, il vous résistera.

BAMBINI. — Savez-vous que ma mère attend aux portes du château le résultat de mes démarches, qu'elle exige l'anneau ?

CENDRILLON. — Je connais vos projets, les siens, je les dirai. Vous êtes... diplomate, et moi je serai franche ; nous verrons qui l'emportera.

BAMBINI. — Chambrière, vous m'insultez. Mais nous aurons l'anneau, nous ferons prisonnier le prince, et vous verrez que ma colère....

SCÈNE XI.

LES PRÉCÉDENS, CHARMANT, FLORESTAN.

CHARMANT, *qui entend les derniers mots.* — Du courroux? et contre une femme? Mon cousin, vous n'y songez pas.

CENDRILLON, *à part.* — C'est lui, il est perdu.

BAMBINI, *à part.* — Le prince? Ah! si j'avais seulement quarante hommes avec moi, comme je le prendrais!

FLORESTAN, — Encore ce maudit château?

CHARMANT, *à Cendrillon.* — Rassurez-vous, ma chère enfant. (*A Bambini.*) Et vous, mon beau cousin, du calme, s'il vous plaît.

Air des Frères de lait.

Contre une femme exhaler sa colère?
Mais sa faiblesse est un titre à mes yeux.
Pour la chérir, songez à votre mère,
Pour la défendre, à vos nobles aïeux.
A ses devoirs c'est se montrer parjure
Qu'impunément se laisser insulter!
De qui nous brave, il faut punir l'injure:
Mais une femme, on doit la respecter.

BAMBINI. — C'est mon usage habituel, mais dans certaine circonstance...

CENDRILLON, *avec attention.* — Il faut être prudent. (*Vivement et bas à Charmant.*) Et je vous sauverai.

CHARMANT, *bas à Cendrillon.* — Me sauver, moi?

CENDRILLON. — Silence!

FLORESTAN. — Plus d'une heure de marche pour fuir ces antiques tourelles, et nous y retrouver? C'est vraiment incroyable.

CHARMANT. — Mon cœur bat ici d'une force! Mon étrangère n'est pas loin, je le sens, j'en suis sûr.

CENDRILLON, *rapidement.* — Je vous la ferai voir.

CHARMANT. — Ah! grands Dieux! quel bonheur!

BAMBINI, *à part.* — L'occasion est belle; prévenons Corisande, et venons promptement nous emparer de lui. (*Il va pour sortir.*)

CHARMANT. — Vous nous quittez, cousin?

BAMBINI. — Il le faut.

CENDRILLON, *à part.* — Je devine ses secrètes intentions; mais je les déjouerai.

BAMBINI, *à part.* — A défaut de l'anneau, si nous avons le prince, ma mère ne se plaindra point.

CENDRILLON, *bas à Bambini.* — Tenez-vous toujours à l'anneau?

BAMBINI, *bas à Cendrillon.* — Sans doute.

CENDRILLON, *de même.* — Eh bien, je cède à vos désirs. La fille du baron, est là, dans cette chambre. (*Elle lui indique celle de Théolinde.*)

BAMBINI, *à part.* — Bon! d'une pierre deux coups! Ça me va.

CHARMANT. — Sans adieu, cher cousin.

BAMBINI, *entrant chez Théolinde.* — Je reviendrai plus tôt qu'il ne le croit. (*Il sort.*)

SCÈNE XII.

CENDRILLON, CHARMANT, FLORESTAN, *ensuite* BILBOQUET.

CENDRILLON *ferme la porte, et prend la clé de l'appartement où est entré Bambini.* — Nous ne craindrons plus celui-ci, occupons-nous de la princesse. (*Elle appelle.*) Bilboquet? Bilboquet?

BILBOQUET, *accourant.* — Qu'est-il donc arrivé? (*Il voit Charmant.*) Le prince?

CENDRILLON. — Assemblez ces guerriers, qui viennent de s'asseoir à la table de votre maître. Corisande veut attenter à la liberté, à la vie de notre souverain, qu'ils viennent le défendre.

CHARMANT. — Ma tante, s'armer contre moi?

CENDRILLON, *à Florestan.* — Seigneur, suivez ses pas; votre amitié (*elle montre Bilboquet*), son zèle me garantissent le succès.

FLORESTAN. — Ah! volons à l'instant. (*Il sort avec Bilboquet.*)

SCÈNE XIII.

CENDRILLON, CHARMANT.

CHARMANT. — Jeune enfant, qui a pu vous dire?..

CENDRILLON. — Rien de ce qui vous touche ne m'est demeuré inconnu: je sais qu'un simple anneau offert par vous au bal, pouvait et peut encore vous préserver de tout péril.

CHARMANT. — Ah! menez-moi vers celle qui méritait si bien d'en recevoir l'hommage. Ses graces, son esprit annoncent un rang élevé. Qu'elle accepte ma main, mon cœur et ma couronne, je n'aurai rien à désirer. Eh quoi? vous gardez le silence? Cependant vous m'aviez promis...

CENDRILLON. — Mais si la jeune fille, loin de vous apporter et talens et fortune, n'avait que des vertus; si dépouillée de ces riches atours qui ont charmé vos yeux en la rendant méconnaissable à sa famille entière, elle venait sous les plus humbles vêtemens, remettre entre vos mains ce talisman qui protège le prince, lui pardonneriez-vous d'être restée muette sur sa position, et d'avoir accueilli votre offrande, alors qu'elle savait ne pas mériter tant d'honneurs?

CHARMANT. — Cette voix, ces accens (*Cendrillon lui tend son anneau*), et cet anneau que vous me présentez, tout éclaire mon cœur, c'est vous que j'appelais, que j'aimais, que j'admire, et je jure à vos pieds. (*Il tombe aux pieds de Cendrillon.*)

SCÈNE XIV.

Les Précédens, CORISANDE, *en amazone*, Chevaliers, *ensuite* MÉLIDOR, Génies, *etc., etc.*

Corisande, *montrant Charmant aux chevaliers.* — Chevaliers, le voici ; qu'il soit chargé de fers !

Mélidor, *Sous le costume d'enchanteur.* — Il ne sera jamais en ta puissance. (*Charmant et Cendrillon disparaissent au milieu des flammes.*)

Corisande. — Mélidor? Ah ! je suis perdue !

MÉLIDOR.

Air : *Aux braves hussards du 8e.*

L'ambition aux mortels est funeste,
En me voyant tu prévois ton danger !
Tu vas savoir que le pouvoir céleste,
Si. quelquefois il tarde à se venger,
Créant les rois, il doit aussi les juger.
Qui fut toujours juste, humain, secourable
S'avance calme et rayonnant d'espoir,
Mais la rougeur monte au front du coupable
Quand la vertu lui présente un miroir.

Tu croyais à force de ruses, t'emparer du pouvoir royal, la vertu et l'esprit d'un enfant ont triomphé de tes efforts. Ses prières montées au Ciel ont fléchi le destin, et déjà sa famille qui la repoussait de son sein, s'enorgueillit de Cendrillon. Tombe à ses genoux, Corisande ; elle seule pourra désarmer mon couroux.

SCÈNE XV ET DERNIÈRE.

Le théâtre change et représente les jardins de Mélidor. — Un buisson de roses s'élève dans le milieu — La Truffardière, Bambini, Théolinde, Tremblino, Aspasie, Tournesol, Dorothée, Florestan, Bilboquet (en costume de chevaliers) sont rangés près du bassin de roses qui s'ouvre, et laisse voir Cendrillon, couronnée par le prince Charmant.

Mélidor. — Baron de La Truffardière l'enfant que tu dédaignais, couvre ton nom de gloire, sois fier de son bonheur. (*A Corisande qui a fléchi le genou.*) Corisande, relevez-vous, la souveraine vous pardonne ! Et toi, Bilboquet, ne quitte jamais celle qui sut dans sa détresse trouver en toi un protecteur.

Air *de M. Lautz.*

CHOEUR.

Cendrillon sage autant que bonne,
Au trône montant aujourd'hui !
Des malheureux sera l'appui.
  Et la couronne
  Qu'on lui donne
Est un hommage mérité
Par ses vertus et sa beauté !

CENDRILLON, *au public.*

Cendrillon, dans votre enfance
Vous amusa plus d'un soir;
Messieurs, par reconnaissance,
Revenez souvent la voir.
Les guerriers à l'ame tendre
Ont en vous des héritiers;
Pour m'aimer, pour me défendre
Devenez mes chevaliers.

FIN DE CENDRILLON.

IMPRIMERIE DE MICHEL POMONE, A VERSAILLES,
et à Paris, rue des Poitevins, 2.

RÉPERTOIRE DU THÉATRE-COMTE.

PIÈCES EN VENTE.

1. Trois Fils de la Veuve.
2. Pinette.
3. Le Tilbury et la Charrette.
4. Le Chat Botté.
5. Le Jeune Grec.
6. La Jeune Marraine.
7. Un Demi-Siècle.
8. Une Soirée.
9. Le Remplaçant.
10. Un Jour d'Audience.
11. Henri IV en Famille.
12. La Petite Somnambule.
13. Marie Brouillon.
14. Muette des Pyrénées.
15. La Cuisine au Salon.
16. Les Petits Braconniers.
17. Les Ricochets.
18. C'est l'Un ou l'Autre.
19. Les Blés et les Fleurs.
20. La Comédie au Château.
21. La Saisie et le Bal.
22. Les Deux Théodore.
23. Les Deux Mousses.
24. Trois États en un Jour.
25. République de Saint-Marin.
26. Noblesse et Coture.
27. Napoléon à Brienne.
28. Les Deux petits Savoyards.
29. La Pendule.
30. L'Abbé de l'Épée.
31. Une Première Faute.
32. La Reine de six Ans.
33. Les Fils du Rempailleur.
34. Brune et Blonde.
35. Le Livre Vert.
36. Racine en Famille.
37. Augusta.
38. Une Mère.
39. La Jeunesse de Louis XV.
40. L'Enseigne.
41. La Jeunesse de Voltaire.
42. La Menteuse.
43. Le Peloton de Fil.
44. L'Enfance de Marie Stuart.
45. Byron à l'École d'Harow.
46. Le Coin du Feu.
47. L'Enfant Volé.
48. Jeanne d'Arc.
49. Un Jour de Médecine.
50. Un Pèlerinage.
51. La Préface de Gil Blas.
52. Le Dahlia Magique.
53. L'Ouvrier de Paris.
54. Jeunesse d'un Grand Roi.
55. Le Bon et le Mauvais Chemin.
56. La Caisse d'Épargne.
57. Les Ombres Chinoises.
58. Les Quatre Mendiants.

NOTA. A dater de ce jour, toutes les Pièces ci-dessus ne seront plus vendues que 60 cent. chaque, à l'exception, cependant, des quatre pièces suivantes : *Une Première Faute, Le Livre Vert, Une Mère* et *l'Enseigne,* qui restent fixées à 1 fr. 25 c.

PIÈCES A BON MARCHÉ.

LES HOMMES DE 15 ANS, en 2 actes, par MM. Émile Vander-Burch et Simonnin, 40 cent.

LE BAL MASQUÉ, en 2 actes, par MM. Henri Duffaud et A. Poujol, 40 cent.

HENIN, ou LE PÊCHEUR DE BOULOGNE, par M. Ménissier, 25 cent.

MADAME DE GENLIS, en 2 actes, par M. G. D'Alby, 40 cent.

LA PEAU DE SINGE, en 2 actes, par MM. Moreau et Williams Adisson, 40 cent.

SI J'ÉTAIS GRAND, en 4 actes, par M. Barthélemy, 40 cent

L'AUDIENCE DU ROI, en un acte, par M. Barthélemy, 25 cent.

A LA FRAICHE, QUI VEUT BOIRE? ou UNE PROMENADE DU VIEUX CONTEUR, en un acte, par MM. De Berruyer et A. Giraud, 25 cent.

LA PLUS AIMABLE, en un acte, par MM. H. Duffaud et A. Poujol, 25 cent.

Sous presse :

LES SOEURS DE LAIT et LE MARI DE CINQ ANS.

Imprimerie de Michel Fosson, avenue de St-Cloud, 3, à Versailles, et rue des Poitevins, 2, à Paris.